CB033030

2ª EDIÇÃO

Consulte nosso catálogo completo e últimos lançamentos
em **www.editoracontexto.com.br**

Maurício Noriega

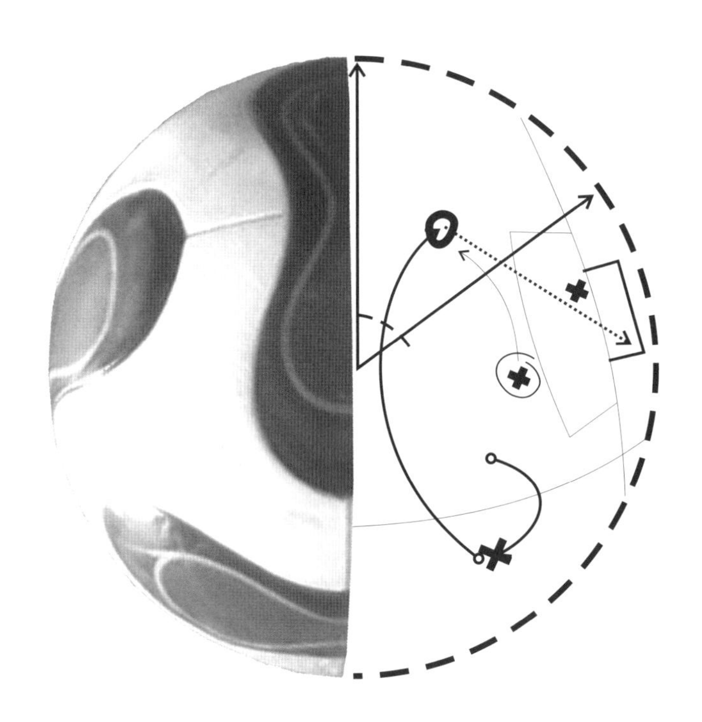

OS 11 MAIORES TÉCNICOS DO FUTEBOL BRASILEIRO

editoracontexto

Capa, projeto gráfico e diagramação
Sergio Kon/A Máquina de Idéias

Preparação de textos
Adriana Teixeira

Revisão
Lilian Aquino

Dados Internacionais de Catalogação na Publicação (CIP)
(Câmara Brasileira do Livro, SP, Brasil)

Noriega, Maurício
Os onze maiores técnicos do futebol brasileiro / Maurício Noriega. – 2. ed.– São Paulo : Contexto, 2009.

ISBN 978-85-7244-426-2

1. Futebol - Brasil - História 2. Treinadores de futebol - Biografia 3. Treinadores de futebol - Brasil I. Título.

09-00196 CDD-796.334092

Índices para catálogo sistemático:

1. Treinadores de futebol brasileiro : Biografia 796.334092

2009

EDITORA CONTEXTO
Diretor editorial
Jaime Pinsky

Rua Dr. José Elias, 520 – Alto da Lapa
05083-030 – São Paulo – SP
PABX: (11) 3832 5838
contexto@editoracontexto.com.br
www.editoracontexto.com.br

A meus pais, Luiz e Ângela,
e a minhas irmãs, Renata e Fernanda,
por me oferecerem a melhor família que eu poderia querer.

A minha esposa, Isabel,
e aos meus tesouros, Clara e Rafael,
por me darem a melhor família que eu poderia sonhar.

Aos livros e ao esporte,
que sempre me mantiveram no rumo.

Sumário

Apresentação

Atacante bom é aquele que faz gol. Goleiro bom é aquele que evita gol. E técnico bom, quem é? O grande estrategista, que domina as teorias? O paizão, que trata os jogadores como crianças crescidas e carentes, necessitadas de compreensão e apoio? O tático, capaz de "virar o jogo" no intervalo, com alterações surpreendentes? O que sabe revelar jogadores? O que sabe lidar com estrelas? O que sabe "ler o jogo"? O que estuda os adversários? Ou, simplesmente, o vencedor?

Numa época em que técnico transformou-se em "professor" é evidente a importância dada a esse profissional do futebol pela mídia especializada e pelos torcedores. Particularmente, acredito que os treinadores são importantes, mas não tanto quanto alguns pensam ser e nem como hoje a estrutura do futebol determina.

O Brasil teve sempre grandes treinadores de futebol e, mais do que isso, grandes personagens. Figuras que marcaram época à beira do gramado, conquistando títulos, colecionando histórias, inaugurando modismos, descobrindo e aprimorando novos craques. O bombardeio de informações a que somos submetidos hoje cobra um preço muito alto: o prejuízo à memória – que nunca foi o forte do nosso povo.

Dia desses, numa das famosas conversas de cafezinho na redação, os mais experientes da roda foram citando nomes de treinadores do passado. Todos vencedores, consagrados. A cada gole e a cada nome a interrogação estampava o rosto dos mais jovens. Eu me perguntava: como eles podem não saber quem foram Lula, Bela Gutman, Ênio Andrade, Oswaldo Brandão? Para a minha geração, a dos que hoje perambulam pela casa dos 40, isso se aprendia quase que por osmose. No mundo do Google, do YouTube e dos *terabytes* a informação envelhece depressa e muita coisa se perde pelo caminho. Se a lembrança não é automática, nada melhor do que exercitar a memória dos mais antigos e abastecer a dos mais jovens. Eu tive a sorte, através de meu querido pai e mestre, Luiz Noriega, de ouvir muitas

das histórias aqui relatadas e, também, de conviver com alguns dos personagens.

Foi em uma outra conversa, com Jaime e Luciana Pinsky, da Editora Contexto, que surgiu a ideia deste livro, que eles me deram a honra e a responsabilidade de escrever. Sempre preocupados com a educação e a memória, Jaime e Luciana detectaram a necessidade de resgatar algumas histórias e apresentá-las à nova geração de apaixonados pelo jogo de bola. Através destas páginas se percebe claramente como a figura do técnico foi ganhando importância no Brasil, simultaneamente ao êxodo dos grandes craques. Como já não existem grandes craques jogando no Brasil – afirmação feita pelos próprios treinadores –, a realidade é que, talvez com um certo exagero, os treinadores passaram a ser as estrelas. Sobre o tema, cito rapidamente o amigo Toninho Neves, jornalista dos bons, eternamente polêmico. Ele afirma que na era dos craques, quando se dizia que os técnicos cochilavam no banco, o Brasil ganhou três de quatro Copas entre 1958 e 1970. Depois, na era dos estrategistas, a partir da Copa de 1974, foram nove Copas disputadas e apenas duas conquistas. É para se pensar.

Como toda lista, esta também vai gerar polêmica. Alguns dirão que faltou fulano, que cicrano não deveria fazer parte dessa compilação. Mas também para chegar a esses 11 houve muita pesquisa, muita conversa e entrevista, em mais de 20 anos de carreira como jornalista e apaixonado por esportes (isso desde muito antes do jornalismo). Alguns dos critérios utilizados para definir a relação de técnicos foram número de conquistas, o impacto no futebol de sua época, as inovações criadas.

Apenas dois nomes me deixaram em dúvida: Aymoré Moreira e João Saldanha. Aos 45 minutos do segundo tempo, decidi que a biografia do jornalista João Saldanha, o João Sem Medo, se sobrepunha à do treinador que trabalhou no Botafogo e começou a montar a seleção brasileira que seria campeã do mundo em 1970. Quanto a Aymoré Moreira, muito bom goleiro e posteriormente treinador de reconhecida competência, campeão mundial em 1962, no Chile, talvez tenha sido um erro deixá-lo de fora, mas a escolha era muito difícil. Posso até estar equivocado e sei que, no país dos 180 milhões de técnicos de futebol, outras listas de 11, 20 nomes surgirão. Espero que esta faça justiça ao trabalho e à memória dos aqui perfilados.

Outra brilhante sugestão dos editores foi acrescentar aos perfis dos treinadores entrevistas de personalidades, ex-jogadores e outros treinadores, que com seu depoimento ajudam a entender a importância de *Os 11 maiores técnicos do futebol brasileiro*. Os perfis dos treinadores estão apresentados numa ordem que procura apresentar a evolução do futebol brasileiro e a contribuição histórica desses profissionais. O húngaro Bela Gutman teve influência decisiva no trabalho de Vicente Feola com a seleção brasileira em 1958, por exemplo.

Procurei apresentar de maneira fiel as personalidades históricas do futebol aqui retratadas, com um pouco de suas vidas, seu trabalho, suas realizações. Sem nenhuma pretensão literária, o objetivo deste livro é oferecer uma fonte honesta e segura de informação sobre alguns dos principais treinadores que passaram pelo melhor futebol do mundo.

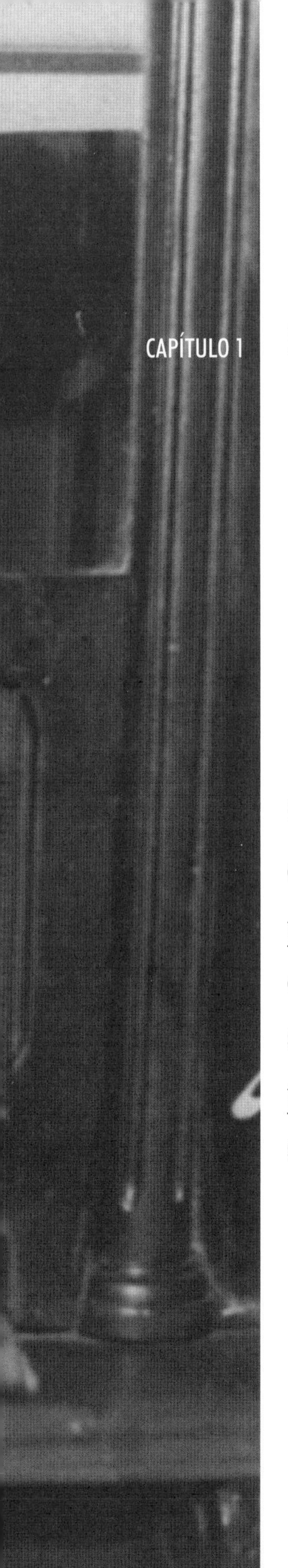

CAPÍTULO 1

OSWALDO BRANDÃO

O gaúcho de palavras
e hábitos simples foi vencedor
por quase quatro décadas
e brilhou fora do país,
sendo reverenciado até hoje
por quem jogou
sob seu comando.

"Ele era um paizão para os jogadores." Esse é o comentário mais frequente quando o nome de Oswaldo Brandão aparece num papo sobre futebol. Gaúcho de Taquara, nascido em 18 de setembro de 1916, Oswaldo Brandão foi um jogador de futebol esforçado que se transformou em um dos maiores treinadores do Brasil. Dirigiu vários clubes pelo país, a seleção brasileira e entrou para a história de instituições como o Independiente, da Argentina, e o Peñarol, do Uruguai.

Cansado do trabalho duro nas estradas de ferro do Rio Grande do Sul, Brandão foi tentar a sorte como jogador de futebol, apostando na potência do seu chute de pé direito. Arrumou vaga no Garrat – time que emprestava o nome de uma locomotiva – em 1934. Foi convidado a jogar no Grêmio, onde fez amizade com o atacante Sílvio Pirilo. Eram tão amigos que ganharam os apelidos de Corda (Pirilo) e Caçamba (Brandão). Corda depois foi para o Flamengo e virou ídolo rubro-negro. Caçamba passou pelo extinto Guaíba antes de chegar ao Internacional. Também foi da seleção gaúcha em 1939, seu último ano no Inter.

De jogador comum a técnico vencedor

No início dos anos 1940, Brandão foi convencido por dois empresários a aceitar uma proposta de um clube paulista. Quando chegou a São Paulo descobriu que não havia proposta. Teve de "se virar" num teste no Palestra Itália. Passou e foi contratado. Jogou como lateral-direito e centroavante entre 1942 e 1945. Uma operação no joelho direito fez Brandão parar de jogar em 1945, passando a treinar as categorias de base do Palmeiras. No ano seguinte, ganhou

a chance de comandar a equipe principal. Foi indicado pelos jogadores com quem havia atuado, entre eles, dois mitos palmeirenses: o goleiro Oberdan Catani e o médio Waldemar Fiúme. Brandão estreou como técnico do Palmeiras em outubro de 1945 e conquistou a Taça Cidade de São Paulo, com uma vitória sobre o São Paulo. Mas voltou às categorias de base.

Em abril de 1947 o Palmeiras estava em crise. O time tinha sido goleado pelo River Plate, da Argentina, por 6 a 0, pelo Torneio do Atlântico, em Montevidéu, Uruguai. Embora o River fosse "La Máquina" e tivesse craques como Di Stéfano e Lostau, o técnico argentino do Palmeiras, Ventura Cambón, foi demitido. Catani e Fiúme convenceram os dirigentes a chamar Brandão. Jogador brincalhão, que adorava fazer churrasco para os companheiros, Brandão se transformou num treinador sisudo e de pouca conversa. Mas ao mesmo tempo se mostrava sinceramente preocupado com os problemas dos jogadores, o que acabou por cativá-los. Nascia ali o estilo que o transformaria no paizão.

Brandão reassumiu o Palmeiras em abril de 1947 e foi campeão paulista da temporada. No ano seguinte, contratado pelo Santos, foi vice-campeão paulista pelo time que ainda não tinha sido abençoado com o futebol de Pelé. Mas a equipe santista não era campeã desde 1935 e nem o vice no Paulista de 1949 amenizou a desilusão.

Fita Azul na Portuguesa

No início de 1951, Brandão foi contratado pela Portuguesa de Desportos. Começou, então, a mostrar a incrível capacidade de montar equipes, revelar jogadores e formar grupos vencedores. Sob a batuta de Brandão, a Portuguesa conhece seu time dos sonhos: Muca (goleiro que Brandão foi buscar no Paraná), Nena e Noronha; Djalma Santos, Brandãozinho e Ceci; Julinho Botelho, Renato (ou Rubens), Nininho, Pinga e Simão. Essa equipe excursionou pela Turquia entre abril e maio de 1951. Em dez jogos conseguiu nove vitórias e um empate. O jornal *A Gazeta Esportiva* oferecia um troféu para as equipes brasileiras que excursionassem à Europa e ficassem invictas por dez jogos. Era chamado de Fita Azul. A Lusa de Brandão conquistou o troféu em 1951.

Preterido por Aymoré Moreira no comando da seleção paulista, Brandão afastou-se do futebol. É preciso lembrar que naquele tempo não existia o Campeonato Brasileiro de clubes, apenas o de Seleções Estaduais, que tinha grande prestígio.

– Enjoei, larguei tudo – desabafou à época um desiludido Brandão, que foi trabalhar como gerente de um cinema chamado Santa Helena, no centro de São Paulo. Mas a saudade do futebol bateu forte e Brandão aceitou o convite para treinar o Linense, da cidade paulista de Lins. Fez o Linense subir para a Primeira Divisão Paulista em 1952 e foi trabalhar na Portuguesa Santista. Mas acabou voltando a cuidar do Santa Helena, que havia se transformado num desses pulgueiros que hoje infestam o centro das grandes cidades. Brandão gostava de dizer que tinha moralizado até o pior cinema de São Paulo.

Do cinema barra-pesada para o Corinthians

Numa noite de 1953, o moralizador precisou acordar os filhos Regina e Márcio, que dormiam no acanhado sofá da área residencial do cine Santa Helena, para acomodar o presidente do Corinthians, Alfredo Trindade. Ao aceitar o convite de Trindade, Brandão começava a ligar sua vida eternamente ao Timão. Na alegria e na tristeza. Sob seu comando, o time conquistou o Rio-São Paulo de 1953 e o Campeonato Paulista da temporada seguinte, que rendeu o título de Campeão do IV Centenário da Cidade de São Paulo. Essa glória transformou em heróis jogadores como Gilmar, Cabeção, Homero, Olavo, Clóvis, Idário, Cláudio, Luizinho, Baltazar. Isso porque o título, além de ficar marcado na história da cidade, veio com um empate por 1 a 1 diante do maior rival, o Palmeiras, ex-time de Brandão.

O baque entre os palmeirenses foi tamanho que o clube jamais voltou a utilizar a camisa azul com que entrou em campo naquele 6 de fevereiro de 1955, no Pacaembu. O segundo uniforme naquela temporada era referência às cores da seleção italiana e à origem do clube. A camisa ficou marcada como uma maldição e foi aposentada pelos palestrinos. Nada que se compare à maldição da falta de títulos que se abateria sobre os corintianos a partir daquele fatídico ano de 1954 e que perduraria até 1977. O próprio Oswaldo Brandão prolongou a maldição 20 anos mais tarde, ao comandar o Palmeiras na derrota do seu antigo time. O calvário só seria quebrado – adivinhe por quem? Sim: o próprio Oswaldo Brandão, quando voltou ao Corinthians.

O mestre de todos os truques

É dos anos 1950 uma das mais saborosas histórias de Brandão, que mostra que ele realmente conhecia todos os truques do futebol. Alguns nomes serão omitidos. Brandão já treinava o Corinthians, que enfrentaria o Santos. Desceu a Serra do Mar em companhia de um dirigente corintiano, bastante conhecido no meio do futebol por gostar de carrões. Numa dessas fortunas sobre rodas, eles ficaram rondando a casa de um jovem jogador do Santos, que começava a se destacar. Foram até uma padaria e, de propósito, pois Brandão já era uma figura bastante conhecida, começaram a perguntar pelo tal atleta, querendo saber como ele estava etc. Naquela época era comum que jogadores entrassem no que se chamava de "gaveta": aceitavam dinheiro para fazer corpo mole em determinada partida. Daí surgiu o termo "gaveteiro". Brandão e o tal diretor criaram tamanho rebu em Santos com sua visita que o titular em questão foi sacado do time, pois os santistas temiam que estivesse na "gaveta" (vendido). Jogou o reserva, que era o "gaveteiro" de fato, como queria o astuto Brandão.

Supercampeão. Em cima de Pelé

A década de 1950 foi um período de altos e baixos para Oswaldo Brandão. À frente da seleção brasileira, perdeu o Sul-Americano de 1957, mas ajudou a classificar o time para a Copa de 1958 e deu a primeira mão de tinta na equipe que pintaria o planeta bola com as cores do Brasil. Durante as eliminatórias da Copa da Suécia foi substituído por Sílvio Pirilo, por questões políticas, mesmo tendo planejado boa parte do esquema de trabalho utilizado pelo Brasil na disputa. Só voltaria a comemorar um título em 1959. E que título! Novamente à frente do Palmeiras, ele enfrentaria o Santos, na decisão daquele que ficou conhecido como o Supercampeonato. O Santos não era mais o time que Brandão havia treinado nos anos 1940. Uma benção de nome Pelé havia caído sobre a Vila Belmiro. Sem contar craques como Zito, Pepe, Pagão, Dorval, Jair Rosa Pinto. O Santos era uma máquina de jogar futebol que entre 1955 e 1969 foi 11 vezes campeão paulista. Vinha do título de 1958, com um time considerado imbatível, liderado pelos campeões mundiais Gilmar, Zito, Pepe e, claro, Pelé. A decisão era em três jogos. Os dois primeiros terminaram empatados: 1 a 1 e 2 a 2. Não se falava em outra coisa em São Paulo. Por falta de datas, o terceiro jogo ficou para 10 de janeiro de 1960, num Pacaembu superlotado. O Palmeiras também era um grande time, montado por Brandão e sua rara competência para descobrir jogadores espalhados pelo Brasil. O Palmeiras tinha vendido José Altafini, o Mazzolla, para o Milan em 1958, e com os cofres cheios, contratou Ênio Andrade, Valdir de Morais, Zequinha e repatriou o craque Julinho Botelho, que estava na Fiorentina, da Itália. O Santos saiu na frente com um gol de Pelé. Julinho empatou no final do primeiro tempo e, aos 2 minutos da segunda etapa, Romeiro, cobrando falta, fez do Palmeiras o Supercampeão.

– O Brandão foi me buscar no Sul e, além de jogador dele, fiquei amigo Comecei a conhecer o homem excepcional que ele era – lembra o ex-goleiro Valdir de Morais.

Ele conta uma das particularidades de Brandão: o profundo conhecimento da psicologia humana, sempre de forma intuitiva.

– Fomos enfrentar o Guarani em Campinas. Perdíamos por 2 a 0 no primeiro tempo e descemos para o vestiário, já prontos para ouvir uma das famosas broncas do Brandão. Mas chegamos lá e ele nos deu uma aula de humanidade, quase não falou de futebol. Fico arrepiado quando lembro, hoje, de tudo que ele nos falou naquele vestiário. Da vida, das nossas famílias. Voltamos para o gramado como gigantes e viramos o jogo para 3 a 2.

Um truque tático de Brandão também provocou aquela virada. Ele trocou as posições de Chinesinho e Ênio Andrade, passando o primeiro para a meia e o futuro treinador para a ponta. Essas alterações se transformariam em marcas registradas do trabalho de Brandão. Ele mandava um atacante atuar como lateral e dava certo. Pedia a um lateral para ser o centroavante e ele fazia até gol.

Controle total

Brandão já havia feito fama como treinador. Era um sujeito exigente, preocupado com tudo que cercava os jogadores. O estilo rude, de poucas palavras, vocabulário básico, criou situações que entraram para o folclore do futebol brasileiro. Embora tratasse todos como filhos, Brandão era metódico e controlador. Fiscalizava a cozinha dos restaurantes em que os jogadores comiam. Certa vez, um jovem jogador de origem muito humilde, recém-chegado a um time grande de São Paulo, reclamou do filé que o garçom tinha colocado em seu prato. Disse que estava malpassado e queria outro. Brandão, sempre atento, resolveu interferir:

– Você está pensando o quê, seu moleque? Quantas vezes você já comeu isso na vida? Você acha que seu pai, sua mãe, seus irmãos estão comendo isso na sua casa? Não estão porque você não ajuda.

Era com broncas como essa que Brandão se impunha. Ao mesmo tempo, orientava os atletas em negócios, na vida pessoal. Já combatia, na vanguarda, uma praga do futebol, as "marias-chuteiras". Quando via um jogador babando por alguma garota que surgia do nada, não tinha dúvidas. Chamava num canto, puxava pela orelha, literalmente, e soltava o verbo:

– Ô, Velho [chamava todos de Velho], vem cá, você acha que ela está atrás de você porque você é bonito, gostosão? Cai na real, ela só quer o seu dinheiro.

Fazendo história na Argentina e no Uruguai

Após uma passagem sem muito sucesso pelo Corinthians, Brandão retornou ao Independiente, da Argentina, que havia treinado em 1961. A missão era comandar o time no primeiro Campeonato Nacional do reestruturado futebol argentino, em 1967. Fez mais. Fez história. Foi segundo colocado no Campeonato Metropolitano e, no Nacional, emplacou aquela que é, até hoje, a campanha de melhor aproveitamento na história do futebol profissional argentino: 86,67% dos pontos disputados. Foram 12 vitórias em 15 jogos, com apenas uma derrota, somando 26 de 30 pontos possíveis. O Independiente encantou com um futebol puramente ofensivo, com quatro homens na frente: Bernao, Savoy, Mura e Artime. No jogo do título, o Independiente goleou o eterno rival Racing por 4 a 0. Brandão deixou o campo minutos antes do final da partida e se dirigiu ao vestiário. Foi tirado de lá pelos jogadores e voltou ao gramado nos braços deles, já misturados aos torcedores. Pediu demissão e, no dia seguinte, embarcou em um navio rumo ao porto de Santos. Na despedida, jogadores e torcedores imploraram por sua permanência, alguns aos prantos, lotando o porto de Buenos Aires. Mas o Mestre, como ainda hoje é chamado na Argentina, não se dava com o presidente do clube, Carlos Radrizzani, e estava irredutível.

A década de 1960 termina para Brandão com a carreira de treinador em segundo plano. Ele participa da Cosena (Comissão do Selecionado Nacional), estudando e observando seleções internacionais no trabalho de preparação do Brasil para a Copa de 1970. Também trabalha

como comentarista para a Rádio Tupi de São Paulo, quando recebe um convite para treinar o Peñarol, do Uruguai. Chega a Montevidéu em julho de 1969. Inicia uma renovação que rende o título de um quadrangular de início de temporada. Mas seus métodos e a ênfase na preparação física irritam craques históricos do Peñarol, como Spencer e Hector Silva. Ainda em 1969, conduz ao título da Supercopa (torneio que reunia os campeões da Libertadores) um time de estrelas como Spencer, Silva e mais Matosas, o chileno Elias Figueroa, Pablo Forlán e o craque Pedro Rocha.

O Peñarol chegou à final da Libertadores de 1970, mas foi derrotado pelo Estudiantes da Argentina. Brandão se desligou do clube em maio e meses depois estourou uma polêmica. Como fazia parte da comissão que preparava o time do Brasil para o Mundial do México, após "Pelé e cia." eliminarem o Uruguai na semifinal da Copa, Brandão foi acusado pela imprensa uruguaia de ter atuado no Peñarol, base da Celeste Olímpica, como um espião brasileiro.

Em 1971, Brandão realizou um desejo antigo, o de ser campeão pelo São Paulo – já tinha sido por Palmeiras e Corinthians. Aprimorou a base deixada por Zezé Moreira na conquista do título paulista de 1970, terminando com um período de 11 anos sem conquistas tricolores, e faturou o bi paulista. Por já conhecer do Peñarol os uruguaios Forlán e Pedro Rocha, Brandão facilitou a adaptação de ambos, que se transformaram em ídolos da torcida são-paulina. Gérson, campeão do mundo em 1970, era o maestro do time e nunca se deu bem com Brandão. Por isso, às vezes dizia que era ele, e não o técnico, quem escalava o time. Versão desmentida pela maioria de seus companheiros de equipe.

Prolongando o sofrimento corintiano

De volta ao Palmeiras, que amigos e familiares afirmam ter sido seu time do coração, comandou a equipe que ficaria conhecida como Segunda Academia. Entre 1972 e 1975, o Palmeiras viveu um dos períodos mais gloriosos de sua história, sob a batuta do Velho Mestre – apelido usado por jogadores e jornalistas que conviveram com ele. O time variou em quatro temporadas, mas a base era Leão, Eurico, Luís Pereira, Alfredo e Zeca; Dudu, Leivinha e Ademir da Guia; Edu, César e Nei. Foram dois títulos paulistas (em 1972, invicto, e em 1974), o bi brasileiro em 1972 e 1973 e o bi do então tradicional Torneio Ramón de Carranza, na Espanha, com vitórias de grande impacto sobre Barcelona e Real Madrid.

A conquista do Paulista de 1974 foi particularmente dramática. A final reuniu, após 20 anos, Palmeiras e Corinthians, as equipes que haviam decidido o campeonato de 1954 (naquela ocasião, com vitória do Alvinegro). A expectativa de conseguir um título novamente, e em cima do maior rival, contagiara os corintianos. No primeiro jogo da final, empate por 1 a 1, no Pacaembu. O grande duelo reunia Rivellino, pelo Corinthians, e Luís Pereira, seu marcador, pelo Palmeiras. Havia ainda um outro encontro, caprichosamente arquitetado pelo destino. O treinador do Corinthians era Sílvio Pirilo, Corda, da dupla Corda e Caçamba que agitava Porto Alegre nos anos 1940. Caçamba era Brandão – embora ele não gostasse do apelido. Em 21 de dezembro de 1974, 120 mil pessoas lotaram o Morumbi. Pelo menos 100 mil eram corintianos. Mas o Palmeiras venceu por 1 a 0, gol de Ronaldo, ampliou a agonia corintiana, e a minoria palmeirense deixou o estádio cantando "zum, zum, zum é 21", numa referência aos anos sem taça do rival. Brandão somou mais um título à carreira, e Rivellino foi defenestrado do Parque São Jorge, para se transformar no maior jogador da história do Fluminense a partir da sua contratação, em 1975.

Na seleção, revelando craques

O sucesso levou Brandão de volta à seleção brasileira, a qual ele já havia comandado em 1957, perdendo um Campeonato Sul-Americano, mas dando início ao projeto que se-

ria vencedor em 1958. A missão, assumida em 1975, era classificar o time para a Copa da Argentina de 1978. O início foi promissor. Brandão renovou a equipe, chamando futuros craques como Falcão, Zico, Roberto Dinamite. Foi campeão do Torneio do Bicentenário da Independência dos Estados Unidos, em 1976, derrotando a Itália por 4 a 1 na decisão.

Mas havia problemas. Era uma época de enorme rivalidade entre Rio de Janeiro e São Paulo e de grande influência da imprensa carioca, em especial do *Jornal do Brasil*, sobre a seleção e a extinta Confederação Brasileira de Desportos (CBD). O Brasil enfrentaria a Colômbia, fora de casa, e Brandão decidira deixar o lateral-esquerdo Marinho Chagas, do Botafogo, no banco. Escalou o corintiano Wladimir, apostando em uma postura mais defensiva. Marinho era ídolo no Rio, onde Brandão foi duramente atacado. Um colunista do *Jornal do Brasil* escreveu que "um técnico que comia macarrão com ovo não poderia dirigir a seleção".

O Brasil empatou por 0 a 0 e permaneceu invicto nas Eliminatórias, mas o destino de Brandão estava traçado. Enquanto a seleção voava para casa, a CBD demitiu o treinador e contratou Cláudio Coutinho, do Flamengo. Na escala do avião no Rio de Janeiro, Brandão foi avisado de que deveria sair da aeronave porque o dirigente André Richer, da CBD, queria conversar com ele.

– Se ele quiser falar comigo, que entre no avião – Brandão mandou dizer.

Claro que Richer não entrou, e Brandão desembarcou em São Paulo já sabendo que não era mais técnico da seleção brasileira.

A mais terrível das notícias

Naquele ano de 1976 a vida de Oswaldo Brandão mudaria para sempre com a mais terrível das notícias. Pai dedicado e amoroso, Brandão preservava uma ligação apaixonada com seu núcleo familiar, formado pela esposa, Luiza, e os filhos, Regina e Márcio. Já havia sofrido um duro golpe com o fim do casamento de Regina, mas tocou a vida. A fortaleza não foi suficiente, entretanto, para suportar o golpe da notícia de que o filho Márcio, seu xodó, estava gravemente doente com câncer no cérebro. Márcio era atleta, modelo, jogava basquete, gostava de carrões e tinha apresentado o pai à doutrina espírita. Essa ligação com o kardecismo ajudou Brandão a seguir em frente.

Foi um treinador já profundamente abatido pelo drama familiar que conseguiu a façanha de tirar o Corinthians da fila, em 1977. A confiança dos corintianos vinha abalada pela perda do título brasileiro de 1976 para o Internacional. O time não era fantástico, mas no banco havia um mestre na arte de motivar e conduzir equipes, respaldado por um trabalho que unia ciência e conhecimento empírico de futebol, de uma comissão técnica formada por João Avelino, José Teixeira e Benê Ramos. Essa equipe mapeou os problemas do clube, as deficiências dos jogadores e foi buscar no passado recente as razões dos fracassos. Mas também foi a intuição de Brandão que apontou o caminho.

O "Libertador" da nação corintiana

O Corinthians não vinha bem no terceiro turno do Campeonato Paulista de 1977, que apontaria dois times para a grande final. A situação parecia irreversível após uma derrota por 1 a 0 para o Guarani, no Pacaembu. O clima no vestiário era desolador. João Avelino, raposa velha do futebol, sugeriu que fosse marcado um treinamento para o dia seguinte, no Parque São Jorge, que embora pudesse parecer um castigo, não tinha esse real objetivo. Brandão aprovou. O presidente do Corinthians, Vicente Matheus, já estava no vestiário e caminhava rumo a Brandão e aos jogadores com cara de poucos amigos. A caminhada foi interrompida pela voz grave e firme do Velho Mestre:

– Amanhã cedo tem treino para titulares e reservas. Quem acha que não dá mais para classificar, não precisa ir treinar.

Depois que aquela voz retumbou pelo vestiário do Pacaembu, o silêncio foi de velório. O recado fora dado e ajudara a acalmar a fúria dos cartolas.

O Corinthians precisava tirar cinco pontos de diferença em três jogos, contra Botafogo de Ribeirão Preto, Portuguesa e São Paulo. A bronca de Brandão havia despertado o time, que venceu o Botafogo e a Portuguesa por 1 a 0 e bateu o São Paulo por 2 a 1. Os resultados tiraram a diferença de cinco pontos para o São Paulo e classificaram o Timão para a final contra a Ponte Preta, de Campinas.

Os jogos finais exigiram muito de Brandão, de sua comissão técnica e dos jogadores. A Ponte tinha um time melhor e havia vencido os três jogos disputados entre as equipes naquele ano. Houve uma série de problemas físicos, táticos e disciplinares. Brandão administrou todos com a habitual maestria e mostrou que, além da famosa intuição, já era um treinador com hábitos modernos. Sabia da importância da preparação física e utilizou, em parceria com o professor José Teixeira, novidades como a Ciclobiologia, ou Biorritmo, que avaliava as capacidades dos atletas tendo como base suas datas de nascimento e as conjunções planetárias. A preparação mental, com exibição de filmes sobre grandes vitórias de esportistas de outras modalidades, somou-se ao estudo dos adversários, com o envio dos espiões Teixeira e Benê Ramos aos jogos. Finalmente, a rara capacidade de entender a cabeça sempre complicada dos jogadores foi colocada à prova com uma tentativa de abandono da concentração por parte do ponta-direita Vaguinho, após a vitória por 1 a 0 sobre a Ponte, no primeiro jogo da decisão. Vaguinho não gostou de saber que iria para o banco de reservas e chamou um táxi para ir embora da concentração do time, em Embu, na Grande São Paulo. Os recepcionistas estavam instruídos a avisar se qualquer jogador tentasse deixar o local. Avisaram quando o jogador chamou o táxi, e Vaguinho foi demovido da ideia pela intervenção precisa de José Teixeira, João Avelino e, posteriormente, do próprio Brandão.

Brandão comemorando mais um título: rotina em uma carreira.

A segunda partida, que seria a da festa, transformou-se em drama após a vitória da Ponte por 2 a 1, calando um Morumbi com mais de 130 mil corintianos. A terceira, em 13 de outubro de 1977, foi vencida pelo Corinthians por 1 a 0, gol de Basílio, aos 37 minutos do segundo tempo. Basílio conta que na manhã daquela quinta-feira estava concentrado em seu quarto, ao lado de Zé Maria, e gostava de ficar sentado no chão, conversando. Brandão tinha o costume de passar pelos quartos dos jogadores para ver se estava tudo bem.

– Ele, que só me chamava de Neguinho, entrou, me viu no chão e mandou que eu levantasse – conta Basílio.

– Levanta, Neguinho, que hoje você vai fazer o gol do título – disse Brandão.

Caridade, o título mais importante

O título corintiano de 1977 foi o último esforço de Brandão na tentativa de suportar a dor provocada pela doença do filho Márcio, que faleceu em 9 de setembro de 1978. O treinador já era um homem de 62 anos, 43 dos quais vividos no futebol. Enquanto estava dedicado a buscar a qualquer custo uma cura para a doença do filho, inclusive investindo fortunas em terapias alternativas e experimentais, Brandão continuou trabalhando com futebol. Esteve na Portuguesa, no Palmeiras, voltou ao Corinthians, passou pelo Coritiba, pelo Cruzeiro, pelo XV de Piracicaba.

Na segunda metade da década de 1980 era gerente de futebol do Corinthians quando passou por uma de suas piores provações. Após uma derrota no Pacaembu, ouviu a Fiel Torcida atacá-lo aos gritos de "superado". Justo ele, o herói que comandou a libertação daquele "povo", em 1977. A ingratidão só ajudou a potencializar os efeitos do mal que, além do filho, também tinha se apossado de Brandão. Ele dizia aos amigos mais chegados que precisava morrer pela mesma doença do filho, que esse era o seu carma.

Em 1988 ainda foi contratado pelo Cruzeiro, mas abandonou o clube em meio à campanha do Campeonato Mineiro, cansado e desiludido, já sem forças para combater o câncer. Oswaldo Brandão morreu em 29 de julho de 1989, em São Paulo. O Velho Mestre trabalhou arduamente para que a profissão de técnico de futebol fosse regulamentada no Brasil. Seu legado é eterno. No fim da vida, dedicou-se a continuar a obra do filho, que criou uma fundação para auxiliar crianças carentes. A Fundação Márcio Brandão segue ativa na cidade de São Paulo, dando sequência à missão e à memória do Velho Mestre.

Foto: Que Fim Levou/Terceirotempo.com.br

Leivinha e César Maluco, uma dupla inesquecível para os palmeirenses.

ENTREVISTA:
LEIVINHA

"Oswaldo Brandão foi, para mim, o número um."

João Leiva Campos Filho, paulista de Novo Horizonte, ganhou fama no mundo do futebol com o apelido de Leivinha. Nos anos 1970, foi um dos maiores jogadores do Palmeiras e do futebol brasileiro. Elegante, rápido, habilidoso, representava com perfeição o que se chamava à época de ponta de lança. Era o jogador que, mesmo sem ser atacante, atacava muito, e bem, cutucava e feria o adversário como a ponta de uma lança.

Leivinha ganhou projeção atuando pela Portuguesa de Desportos, mas a fama chegou quando se transferiu para o Palmeiras, em 1971. Formou uma parceria bem-sucedida com o atacante César Maluco e funcionava como elemento de ligação entre a histórica dupla de meio-campo Dudu e Ademir da Guia e o ataque de Edu, César e Nei. Virou presença constante nas convocações da seleção brasileira e, em 1972, marcou o milésimo gol do Brasil, numa vitória por 5 a 0 sobre a Bolívia, no Maracanã. Sua principal característica era a precisão no cabeceio, que, segundo os adversários, tinha a força de um chute.

Convocado para a Copa de 1974, participou apenas dos dois primeiros jogos, por causa de uma contusão. Em 1975, Leivinha e o zagueiro Luís Pereira foram vendidos pelo Palmeiras para o Atlético de Madri, da Espanha, por 1 milhão de dólares. Foi a maior transação do futebol brasileiro naquela época. Ambos fizeram muito sucesso no Atlético de Madri e até hoje são ídolos do clube espanhol. Há, inclusive, muitas *penyas* (espécie de torcidas uniformizadas) que levam seus nomes.

Em 1978, Leivinha voltou ao Brasil para jogar pelo São Paulo. Os joelhos, muito prejudicados pela série de contusões, não resistiram e ele encerrou a bem-sucedida carreira de atleta no ano seguinte. Atualmente,

Leivinha trabalha como comentarista esportivo e participa de ações de marketing do Palmeiras. A família Leiva continua presente no futebol brasileiro. O volante Lucas, revelado pelo Grêmio e atualmente no Liverpool, da Inglaterra, é sobrinho de Leivinha (ele é filho de Jackson Leiva, o Dadá, irmão de Leivinha, que também foi jogador e atuou pelo Paulista de Jundiaí).

Nesta entrevista ele fala de sua experiência como jogador e como amigo do técnico Oswaldo Brandão.

Qual a importância de Oswaldo Brandão na sua carreira como jogador?
Brandão foi de fundamental importância na minha passagem como jogador do Palmeiras. A princípio, como eu não estava inscrito na Taça Libertadores da América de 1971, demorei um pouco para estrear no time principal. Na época jogava o uruguaio Hector Silva na meia-direita. Ele se entendia muito bem com o ponta-direita Edu. Com a eliminação do time na Libertadores, Brandão me deu a oportunidade de estrear na equipe principal, e eu soube aproveitá-la. A partir daí, até a minha saída do clube, em agosto de 1975, sempre fui o titular.

Sua grande fase no Palmeiras foi sob o comando de Brandão?
Tive uma grande fase no Palmeiras, que foi coroada com a conquista de vários títulos: dois Brasileiros, dois Paulistas, dois Carranza, um Torneio Laudo Natel e um Torneio de Mar Del Plata. Sempre sob o comando de Brandão.

Aquela foi a melhor equipe em que você jogou?
Creio que sim, embora tenha tido a oportunidade de participar de outras boas equipes com a Portuguesa de Desportos e o Atlético de Madri.

Qual, na sua opinião, era o grande segredo de Oswaldo Brandão como técnico?
Era um técnico organizado, tanto dentro como fora do gramado. Trabalhava muito o vestiário, isto é, conversava muito com o jogador individualmente.

Impressiona o fato de quase todos os jogadores que trabalharam com Brandão se referirem a ele como um "paizão"? Você também tinha essa impressão dele?
Algumas vezes era paternalista com os seus comandados, em outras era rude, mas apenas quando necessário.

Outra característica atribuída a ele era a incrível capacidade de motivação, de tirar o máximo dos jogadores. Procede?
Brandão sabia mexer com o emocional dos seus jogadores, nunca desistia da vitória, mesmo em circunstâncias difíceis, e conseguia passar isso a seus atletas.

No aspecto tático e técnico, Brandão também foi um mestre? Dizem que ele conhecia todos os segredos do futebol, mas não era um grande estrategista. É verdade?
Não se pode dizer que Brandão tenha sido um bom estrategista, mas ele colocava para seus jogadores funções específicas dentro de cada partida e, normalmente, obtinha resultados positivos. Ele sabia tirar de cada atleta o máximo de produtividade.

Também ficaram famosos os churrascos de confraternização que Brandão promovia. Era com atitudes como essas que ele ganhava os jogadores?
Na minha época já não eram frequentes esses churrascos. Normalmente, na pré-temporada, feita em hotéis fora da cidade de São Paulo, ele gostava de fazer reuniões com as esposas e namoradas dos jogadores, e fazia questão de conhecer todas.

As broncas também eram famosas. Alguns dizem que ele chegava a puxar a cinta para intimidar alguns jogadores. Era verdade?
Quando trabalhei com ele, o Brandão era muito mais tranquilo, não havia broncas com cinto ou similares. Comentava-se que antes isso acontecia, mas no meu tempo o Brandão era mais "light".

Outro aspecto que envolve o folclore criado em torno da figura de Brandão conta que ele fazia muitas alterações que pareciam absurdas, como escalar

um lateral como centroavante. Mas no fim dava tudo certo. Você lembra de algum desses momentos?
Sob o ponto de vista técnico e tático, Brandão não era um treinador que inventava muito. Fez algumas poucas mudanças, como, por exemplo, o Alfredo Mostarda, que chegou do América do Rio Preto como volante e passou a ser quarto-zagueiro. O Jair Gonçalves era volante e, muitas vezes, substituía o Eurico na lateral direita.
Mas tudo isso era testado nos treinamentos. Como o Palmeiras conseguiu formar uma equipe muito regular e que dificilmente tinha problemas de contusões, não havia necessidade de inventar.

Na histórica final do Paulista de 1974, Brandão conduziu o Palmeiras a uma vitória por 1 a 0 sobre o Corinthians que impôs o vigésimo primeiro ano sem títulos ao rival. Você teve participação decisiva naquele jogo (ajeitou a bola, de cabeça, para o gol de Ronaldo) e em várias fotos aparece abraçando Brandão. Naquele jogo, pelas circunstâncias, Brandão mostrou todos os truques, toda sua sabedoria futebolística?
Foi uma final diferente das outras. O Corinthians há muito tempo sem ganhar um título, e o Palmeiras acostumado a decisões.
Mas o Palmeiras era, naquela oportunidade, considerado por muitos um perdedor da decisão. Eu recebi uma carta ameaçando minha família. Fiquei a semana que antecedia a final andando com dois seguranças contratados pelo Palmeiras. Só saía de casa para treinar, e os seguranças estavam junto. O Corinthians concentrou-se fora da capital para evitar a pressão. Brandão resolveu concentrar o Palmeiras normalmente, em um hotel em São Paulo, mas no dia anterior ao jogo, sem avisar ninguém, trocou de hotel, escondendo o time e evitando a imprensa. Ele fazia muito isso e depois chamava os jornalistas para um churrasco, explicava os motivos dele e ficava tudo bem. Felizmente, na final deu tudo certo, e ganhamos por 1 a 0, contra tudo e contra todos. Quando acabou o jogo, nós queríamos festejar, mas os seguranças me acompanharam até a estrada e disseram que era melhor eu só comemorar na casa dos meus pais, em Lins (cidade do interior de São Paulo).

No final dos anos 1970, Brandão recebeu a terrível notícia da doença do filho Márcio, que morreria logo depois. Você era um atleta que conhecia a família do mestre e acompanhou esse drama de perto. Ainda assim ele seguiu trabalhando, mas já não era o mesmo, correto?
A perda do Márcio foi a pior coisa que poderia acontecer ao Mestre Brandão. Márcio era um jovem muito especial para nós, pois sempre nos acompanhava e, claro, era mais especial ainda para o pai. Existia entre eles um respeito e admiração mútuos. A sua perda foi irreparável. O Mestre, mesmo sendo espiritualista, sentiu bastante e nunca mais foi o mesmo, embora continuasse no futebol. Nunca mais foi aquele Brandão que a gente conheceu.

Você identifica nos treinadores da atualidade traços do comportamento e do trabalho de Oswaldo Brandão? Há algum treinador da atualidade que lembre o estilo de Brandão?
Apenas um: Felipão (Luiz Felipe Scolari).

O futebol brasileiro reconhece da maneira devida o legado de Oswaldo Brandão?
O futebol brasileiro, assim como o país, não tem memória, infelizmente. Mas para aqueles que, como eu, tiveram o privilégio de serem comandados por ele, pode estar certo: nunca se esquecerá o Mestre Brandão.

Ele foi o melhor treinador com quem você trabalhou?
Tive a oportunidade de trabalhar com grandes treinadores, como Wilson Francisco Alves, João Avelino, Aymoré Moreira, Dino Sani, Mário Travaglini, Rubens Minelli, Zagallo, Luis Aragonés. Mas Oswaldo Brandão foi, para mim, o número um.

CAPÍTULO 2

BELA GUTMAN

O ex-treinador do mítico Honved, da Hungria, mudou a maneira de se jogar futebol no Brasil, mesmo sem falar português e com uma passagem rápida pelo São Paulo.

Muito antes de ser o país cinco vezes campeão mundial de futebol, o Brasil já era a pátria dos treinadores. Na época dos "anos dourados", em se falando do jogo de bola, todos sabiam um pouco. Em 1957, um ano antes do primeiro título mundial do brasileiro, aconteceu uma pequena revolução, que teria efeito na Copa do Mundo da Suécia e deixaria marcas permanentes em nosso futebol. Um simpático senhor baixinho, careca e de sorriso largo chegou aqui para ensinar aos brasileiros uma nova maneira de se jogar bola. O húngaro Bela Gutman foi contratado pelo São Paulo Futebol Clube, ainda no rastro da histórica passagem do time do Honved, da Hungria, pelo Brasil, também em 1957. Ele divide com outros dois grandes treinadores húngaros, Gusztav Sebes e Marton Bokovi, os méritos pela disseminação do esquema tático 4-2-4 (quatro zagueiros, dois jogadores de meio-campo e quatro atacantes) pelo mundo. Sua breve passagem pelo país, que logo depois seria conhecido como a terra do futebol, foi histórica.

Nascido em 1900, húngaro de origem judaica, Bela Gutman foi jogador na Europa dos anos 1920. Era atleta do MTK Hungaria, campeão nacional de 1920/21. O antissemitismo já ameaçava os europeus e, na Hungria, o governo do almirante Miklós Horthy apertava o cerco contra os judeus. Gutman foi para a Áustria e passou a jogar pelo Hakoah, de Viena, equipe formada somente por atletas judeus, campeão austríaco de 1925. Em 1926, o Hakoah fez uma turnê pelos Estados Unidos, e Gutman e muitos dos jogadores decidiram ficar na América. Ele jogou pelo Brooklyn Wanderers e pelo New York Giants. Como havia muitos ex-jogadores do Hakoah pelos Estados Unidos, alguns deles formaram o New York Hakoah, equipe que venceu a Copa dos Estados Unidos de 1929. No ano seguinte houve uma fusão com o Brooklyn Hakoah e surgiu o Hakoah All Stars. Os times tinham duração efêmera nos Estados Unidos daquela época, e Gutman voltou a jogar pelos Giants, que mudaram de nome para New York Soccer. Foi nesse time que

Gutman encerrou a carreira de jogador. Ele também atuou pela seleção da Hungria, tendo inclusive disputado os Jogos Olímpicos de Paris, em 1924. Participou das duas exibições da Hungria em 1924: derrota por 3 a 0 para o Egito e vitória por 5 a 0 sobre a Polônia. Sua presença como jogador de seleção ficou marcada pelos protestos contra a presença de oficiais do exército húngaro na equipe.

Nos anos que antecederam a Segunda Guerra Mundial, Bela Gutman desenvolveu sua carreira de técnico de futebol, com passagens por equipes da Áustria, Hungria e Holanda. O primeiro título foi o da Liga Húngara de 1938/39, com o Ujpest. A Segunda Guerra explodiu, e Gutman fugiu para a Suíça, país que se manteve neutro durante o conflito. A retomada da carreira de treinador se deu na Romênia, com o Chinezul, clube no qual Gutman pediu que seu salário fosse pago em vegetais, dada a escassez reinante na Europa do pós-guerra. Ele ainda conquistaria mais um título húngaro pelo Ujpest antes de tentar a sorte na Itália.

Polêmicas na Itália

A Itália era o destino preferido de nove entre dez húngaros que trabalhavam com futebol. Talvez pela similaridade de temperamento e, também, pelo dinheiro envolvido no "Calcio". Gutman treinou as equipes de Triestina e Padova antes de ser contratado pelo Milan, em 1953. Poderoso, o Milan ia a campo com craques como os suecos Nordahl e Liedholm e o uruguaio Schiaffino, campeão do mundo em 1950. O time era líder da Série A italiana de 1954 quando Gutman foi demitido por causa de disputas políticas no clube.

– Fui demitido, embora eu não seja nem um criminoso, nem um homossexual. Adeus! –, disse Gutman, numa polêmica entrevista coletiva de despedida. A partir de então, passou a exigir em seus contratos que não fosse dispensado se o time que dirigisse estivesse na parte de cima da tabela. Demitido do Milan, Gutman trabalhou no Vicenza antes de voltar à Hungria.

Uma magia chamada Honved

De volta à Hungria, foi treinar o Honved. Na verdade, o Honved era o Kispest FC, que foi transformado em time do exército húngaro pelo Ministério da Defesa do país em 1949. Base da seleção húngara vice-campeã mundial de 1954, o Honved era uma maravilha do futebol. Vestiam sua camisa gênios como Ferenc Puskas, Zoltán Czibor, Sándor Kocsis, Gyula Lorant.

Em 1956, o clima era tenso na Hungria. Havia explodido a Revolução Húngara, uma revolta anticomunista de caráter liberal contra o domínio da União Soviética. O Honved, embora representasse o exército, era formado por jogadores de espírito livre e tomou partido pela causa revolucionária. A equipe estava em turnê mundial quando a revolta tomou a Hungria. Houve uma enorme pressão do governo do país para que o Honved fosse considerado extinto e, assim, não pudesse disseminar pela Europa a mensagem contrária ao regime comunista. A Fifa, entidade que sempre prezou pelas boas relações com o poder estabelecido, decidiu que o Honved deixaria de ser reconhecido por ela no final de março de 1957.

Foi a versão, digamos, clandestina do Honved que desembarcou no Brasil para uma excursão, organizada por Flamengo e Botafogo. Bela Gutman era o treinador. A estreia foi contra o Flamengo, em 19 de janeiro de 1957, no Maracanã lotado e com a presença do presidente da República, Juscelino Kubitschek. O Flamengo de Evaristo e Moacir venceu por 6 a 4. A vingança húngara viria quatro dias depois, com um 4 a 2 em cima do Botafogo de Didi, Nilton Santos e Garrincha. Logo depois, no Pacaembu, em São Paulo, Puskas e cia. dariam o troco no Flamengo, devolvendo os 6 a 4 – após abrir 6 a 1 – para deleite da plateia paulistana.

"Um espetáculo inesquecível, até para quem, como eu, viu o jogo pela TV, em preto e branco", escreveu o jornalista Alberto Helena Jr., no posfácio da edição brasileira do livro "*Puskas, uma lenda do futebol*".

A honra do futebol nacional, representada pelo Flamengo, clamava pelo tira-teima, que veio em 2 de fevereiro, no Maracanã. Não era bom negócio provocar aqueles húngaros bons de bola: 3 a 2 para o Honved.

Foi preciso juntar os craques de Flamengo e Botafogo para conseguir a sonhada vitória. Em 7 de fevereiro, Rubro-Negros e Alvinegros unidos aplicaram 3 a 2 sobre os simpáticos visitantes. Puskas, que já era uma celebridade do futebol, esbanjou carisma e calou os céticos que duvidavam que aquele gorduchinho pudesse jogar. E como jogava! Posou para fotos com atletas brasileiros, crianças e quem mais aparecesse para visitar a trupe húngara.

O Honved encantou pelo balé mostrado em campo, a incrível movimentação dos jogadores e a técnica apurada na troca de passes. Para completar, havia uma objetividade raras vezes vista por aqui, onde a jogada costumava ser apurada ao limite, às vezes tanto que acabava desperdiçada. Os húngaros eram mais práticos.

Objetividade contra a firula

Foi buscando implantar essa praticidade no clube do qual era ora técnico, ora supervisor que Vicente Feola sugeriu a contratação de Bela Gutman para o São Paulo, em 1957. Dois dos maiores dirigentes da história do clube cuidaram da negociação: Laudo Natel (ex-presidente do São Paulo, responsável direto pela realização do sonho são-paulino de construir o estádio do Morumbi, e ex-governador do estado de São Paulo) e Manoel Raymundo Paes de Almeida (dirigente legendário do São Paulo, que chegou, inclusive, a dirigir o time algumas vezes e fundou a primeira torcida organizada do Brasil, a Grêmio Tricolor, depois chamada Torcida Uniformizada do São Paulo, Tusp).

– O Honved estava excursionando pelo Brasil, e o Laudo Natel e eu acertamos tudo com o Bela Gutman. Foi um profissional correto e muito importante para o São Paulo – recorda Paes de Almeida.

Extremamente profissional e discreto, Bela Gutman teve hábitos simples em sua rápida experiência como cidadão paulistano. Uma rotina que até hoje é relembrada por aquele que se transformou em seu grande amigo brasileiro.

– Aluguei um apartamento para o Bela Gutman no Largo do Arouche, perto da Praça da República (região central de São Paulo). Eu ia buscá-lo todo dia e levava até o treino, já no Morumbi em construção. Depois ele almoçava na casa de parentes dele, na rua Piauí (bairro de Higienópolis). Treinava novamente e lá pelas 16 horas ia com a esposa ao Fasano (atualmente uma das principais grifes da alta gastronomia paulistana), que naquela época tinha casa de lanches na rua Barão de Itapetininga – conta Paes de Almeida, que, aos 86 anos, ainda é um ativo conselheiro benemérito, sócio patrimonial do São Paulo e guardião, com sua memória privilegiada, de boa parte da história do clube.

Bela Gutman assumiu o Tricolor no final do primeiro turno do Campeonato Paulista de 1957. O time andava mal das pernas, mas ganhou um reforço de peso. O treinador havia pedido a contratação de um meia armador. O São Paulo buscou Zizinho, o Mestre Ziza.

Paulo Planet Buarque, jornalista e advogado, conselheiro do São Paulo Futebol Clube, foi testemunha privilegiada dessa revolução húngara no futebol. Tanto do surgimento da famosa seleção da Hungria de 1954, como na versão brasileira do esquema tático 4-2-4 introduzida por Bela Gutman.

– Em 1954, eu estava em Budapeste quando a Hungria jogou com a Inglaterra. Fiquei boquiaberto com o que vi e, depois, o mundo confirmou, na Copa da Suíça – recorda. Em 23 de maio de 1954, em Budapeste, a Hungria derrotou a Inglaterra por 7 a 1, resultado que permanece como a maior derrota do "*English Team*". Pouco antes, em novembro de 1953, os húngaros já haviam aplicado uma goleada de 6 a 3 na poderosa Inglaterra de Stanley Matthews e Alf Ramsey.

Três anos mais tarde, Planet Buarque também foi espectador privilegiado do trabalho de Bela Gutman no São Paulo.

– Eu vi o primeiro treino dele no São Paulo, já no gramado do Morumbi ainda em construção. Foi uma situação até engraçada. Ele não sabia falar português, e o que marcou a todos que viram aquele momento foi o fato de ele ter falado sempre o seguinte: pá, pá, pá, pum!. Com isso ele queria dizer que o time deveria tocar a bola rápido e finalizar o quanto antes – conta.

Logo no início de seu trabalho, o treinador húngaro trouxe inovações que, em um primeiro momento, foram até ironizadas pelos jogadores brasileiros.

– Ele apareceu com uma barreira de papelão, imitando uma barreira de verdade, como hoje é comum ver nos treinamentos dos times. Mas naquela época isso não existia no Brasil. Alguns jogadores riram, mas pararam quando viram o Bella Gutman, que já era um senhor, bater na bola e mostrar como eles deveriam cobrar as faltas, por cima da barreira. Ele não errava uma – lembra Planet Buarque.

Para Alberto Helena Jr., foi exatamente a objetividade húngara que Bela Gutman enxertou no talento dos jogadores brasileiros.

– O que fez Bela Gutman no São Paulo? Menos firula e mais objetividade. Menos passes e mais conclusões. Seu time jogava com passes rápidos para a finalização. Mas a coisa só deu certo com a chegada de Zizinho. Não só porque era um gênio na armação da equipe, como porque sua chegada recuou Dino Sani, até então meia, para a posição de volante. Vindo de trás, com passes exatos e chute fulminante, o mundo se descortinou para Dino, que sentia, por falta de habilidade (nunca de técnica), muita dificuldade em jogar como meia – explica Helena Jr.

Os jogadores que foram comandados por Bela Gutman no São Paulo são unânimes em apontar a importância do treinador na evolução técnica e tática do futebol brasileiro. Um dos mantras dos que atestam a competência do húngaro é afirmar que ele ensinou Canhoteiro, um mago dos dribles, a chutar. Isso graças a uma técnica de treinamento que trouxe da Europa. Gutman mandou pintar vários quadrados em um grande painel de madeira e colocou um número em cada quadrado. Apitava e mandava o jogador chutar no número 15, por exemplo. Assim aprimorava a pontaria dos atletas. Atualmente, como que a perpetuar a memória de Gutman, há um paredão no Centro de Treinamentos do São Paulo pintado com vários números, no qual os jogadores aprimoram a pontaria dos chutes.

Turcão (Alberto Chuairi, ex-zagueiro de Palmeiras, São Paulo e Santa Cruz) foi um dos atletas que aprenderam muito com o maestro húngaro. Por causa de uma grave contusão no joelho direito, ele foi transformado em auxiliar de Bela Gutman no Tricolor paulista, em 1957.

– O maior mérito dele era treinar muito os fundamentos. Os jornalistas da época estranhavam porque ele praticamente não falava durante o jogo. É que não precisava, ele já tinha feito tudo nos treinamentos – recorda Turcão.

Mesmo muito antes de o São Paulo se transformar no time brasileiro com o maior número de títulos da Libertadores e mundiais, Bela Gutman deixou sua marca no clube.

– Ele era extremamente cumpridor de suas obrigações. Exigia que o time se concentrasse antes e depois dos jogos, uma novidade para a época. Deixou uma marca de eficiência e padrão de jogo no São Paulo e, também, no futebol brasileiro – avalia Paes de Almeida.

4-2-4 com sotaque húngaro

Não existe consenso quanto à introdução do sistema 4-2-4 no futebol brasileiro. Alguns estudiosos dizem que Gentil Cardoso, técnico e filósofo do cotidiano, já adotava esse esquema no Fluminense, em 1946. Outra corrente prega que foi o mineiro Martim Francisco, que também era professor de Filosofia, quem primeiro armou um time dessa forma, o Villa Nova mineiro. O fato é que no Brasil se jogava num esquema muito parecido com o 4-3-3 (quatro defensores, três meio-campistas e três atacantes), mas já havia variações para o 4-2-4. O futebol deixava de lado sistemas de jogo até então predominantes como o famoso WM (3-4-3) e o jurássico 2-3-5. A grande diferença estava no sentido prático da coisa, em como esses números se movimentavam como equipe.

Bela Gutman e o Honved mostraram ao Brasil, no início de 1957, que o futebol poderia ser bonito e objetivo, com toques rápidos e precisos, mas sem perder a consistência como equipe. Foi isso que ele fez no São Paulo. Tarefa facilitada pela qualidade da equipe. Além dos craques Zizinho e Dino Sani no meio-campo, o São Paulo tinha um grande goleiro, o argentino José Poy, o elegante zagueiro Mauro Ramos de Oliveira, e craques como De Sordi, Maurinho e Canhoteiro.

A campanha do título não deixa dúvidas quanto à supremacia são-paulina. Naquele ano a disputa se decidiu por pontos perdidos, e o São Paulo deixou apenas seis pelo caminho. Foram 13 vitórias, 4 empates e 1 derrota, com 53 gols marcados e 24 sofridos. Um detalhe importante para a sequência desses jogos: foram 7 vitórias consecutivas, 2 empates e mais 4 vitórias seguidas até 2 rodadas antes do final do torneio. Um garoto de nome Pelé foi o artilheiro da competição, com 17 dos 63 gols marcados pelo Santos. O jogo decisivo, em 29 de dezembro, levou 39.670 pessoas ao Pacaembu para ver uma vitória do São Paulo sobre o Corinthians por 3 a 1 [Amauri, Canhoteiro e Maurinho marcaram pelo Tricolor, e Rafael fez o gol corintiano]. O título paulista de 1957 marcou, também, o início de um período sem títulos do São Paulo, que investia tudo que tinha na construção do estádio do Morumbi. O clube só voltaria a ser campeão em 1970, já com o estádio pronto.

Foi tamanho o impacto produzido por aquela pequena revolução húngara com alma tricolor que até hoje ex-jogadores lembram de tudo. Alguns tiveram até a oportunidade de ver o Honved em ação no Brasil, precedendo a chegada de Gutman ao São Paulo.

– Eu cheguei a ver o Honved jogar no Brasil e gostei muito. O Bela Gutman foi um grande treinador. Ele fazia um trabalho com os jogadores que era bem de iniciantes, de juvenis, ensinava como chutar, como cruzar. O Mauro [Mauro Ramos de Oliveira, zagueiro elegante e técnico, capitão da seleção brasileira bicampeã do mundo em 1962, morreu em 2002] sempre comentava muito sobre o trabalho do Bela Gutman no São Paulo – conta José Eli de Miranda, o Zito, craque do Santos e da seleção nas décadas de 1950 e 1960.

A impactante passagem de Bela Gutman pelo São Paulo foi breve. A estreia foi numa goleada por 4 a 1 sobre o Flamengo, pelo Rio-São Paulo, em abril de 1957. O único título foi o do Campeonato Paulista daquele ano. Houve várias versões para a saída de Gutman. Uma delas dizia que ele não estava se entendendo com o craque Zizinho. Mas a versão de quem contratou o mago húngaro para o Tricolor é diferente:

– Na realidade, o São Paulo pagava uma quantia fixa em dólar ao Bela Gutman. O dólar subiu muito, e o clube não tinha condições de acompanhar isso [em 1957, um dólar comprava em média 75,96 cruzeiros velhos]. Ele entendeu, foi muito correto. Foi nosso amigo até morrer. Depois que ele saiu do São Paulo, me escreveu algumas cartas, que ainda tenho guardadas, sempre lembrando com carinho de sua passagem pelo clube – revela Manoel Raymundo Paes de Almeida.

Sucesso e maldição em Portugal

Vicente Feola aprendeu muito com Bela Gutman no São Paulo. E colocou as lições em prática na Copa do Mundo de 1958, na Suécia. O 4-2-4 de inspiração húngara ganhou sotaque brasileiro e uma pitada de genialidade com o surgimento de Pelé, ao lado do endiabrado Garrincha e sob a batuta do maestro Didi. Enquanto os brasileiros abraçavam a Copa Jules Rimet pela primeira vez, Bela Gutman trocou o Brasil por Portugal e foi treinar o Futebol Clube do Porto.

Campeão da Liga Portuguesa em 1958/59, o Porto amargou 18 temporadas sem títulos após a saída de Gutman para o Benfica. No comando da equipe de Lisboa, Gutman conquistou três ligas portuguesas consecutivas entre 1959 e 1962, uma Copa de Portugal (1962) e comandou a equipe na sua fase mais gloriosa, o bicampeonato da Copa Europeia de Clubes Campeões, hoje conhecida como Liga dos Campeões. Em 1961, o time português derrotou o Barcelona por 3 a 1 na final, e em 1962 deixou pelo caminho o Real Madrid: 5 a 3.

Um brasileiro retribuiu a ajuda que Bela Gutman deu ao futebol do Brasil em sua passagem pelo São Paulo. José Carlos Bauer, ex-zagueiro da seleção brasileira nas Copas de 1950 e 54, conhecido como o Monstro do Maracanã e integrante da famosa linha do São Paulo com Ruy, Bauer e Noronha, era treinador da Ferroviária de Araraquara (interior paulista) quando o time excursionou pela África, no final dos anos 1950. Numa partida em Lourenço Marques, hoje Maputo, capital de Moçambique, Bauer viu um atacante mulato, alto, forte e de grande talento. Tentou levá-lo para a Ferroviária, mas como o clube não tinha

dinheiro, acabou por indicá-lo ao amigo Bela Gutman, que levou o jovem africano de 19 anos para o Benfica.

O moçambicano Eusébio se transformou no maior craque da história do Benfica e da seleção de Portugal, um dos grandes jogadores de todos os tempos. O Benfica foi a base da seleção portuguesa na Copa de 1966, com Eusébio, José Águas, Costa Pereira. Portugal, treinado pelo brasileiro Otto Glória, eliminou o Brasil e chegou ao terceiro lugar naquela Copa.

O sucesso com o Benfica indicava que Bela Gutman construiria uma bela carreira no clube. Mas ao final da temporada de 1963 o húngaro não se entendeu com a diretoria do Benfica quanto ao seu salário e teve o contrato rompido. Na saída, rogou uma praga sobre o futebol português:

– Nem daqui a cem anos um time português será campeão europeu, e o Benfica jamais vencerá a Copa dos Campeões sem mim – vaticinou.

Até hoje os torcedores do Benfica acreditam nessa maldição pregada por Bela Gutman. Depois da praga, o clube foi seis vezes finalista da Copa dos Campeões e perdeu todas. Bela Gutman faleceu em 28 de agosto de 1981, em Viena, na Áustria. Há uma história entre os torcedores do Benfica que conta o seguinte: o clube chegou à final da Copa dos Campeões na temporada 1989/90, e o jogo decisivo foi marcado para Viena, onde está enterrado o corpo de Bela Gutman. Eusébio teria ido ao túmulo de Bela Gutman rezar pelo fim da maldição. Mas não teve jeito. Com ou sem maldição, o Benfica, que tinha os brasileiros Aldair, Ricardo Gomes e Valdo, perdeu para o Milan de Baresi, Gullit, Van Basten e Rijkaard por 1 a 0. Pelo menos parte da praga de Bela Gutman contra o futebol português não pegou. O Porto já foi duas vezes campeão europeu depois da maldição jogada pelo mestre húngaro.

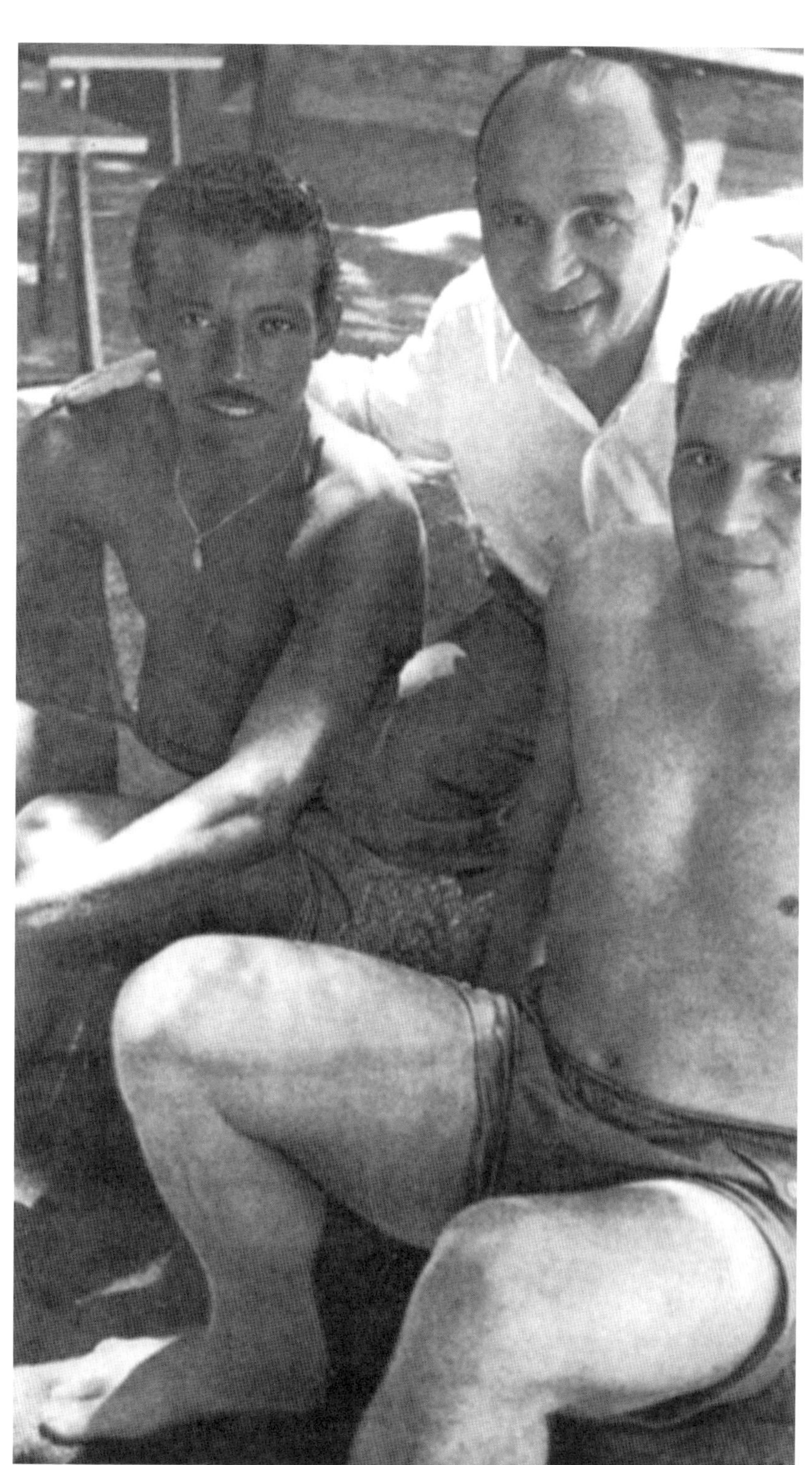

Zizinho (à esquerda) e Bela Gutman (centro): parceria vitoriosa.

Foto: Que Fim Levou/Terceirotempo.com.br

Dino Sani no Milan: um dos primeiros brasileiros a conquistar o futebol italiano.

ENTREVISTA:

DINO SANI

"Bela Gutman era um baita treinador. Ele gostava das coisas simples, mas que ninguém fazia até então no Brasil."

Poucas carreiras de jogadores brasileiros foram mais completas e vitoriosas que a do paulista Dino Sani. Inicialmente meia-esquerda, depois volante de estilo clássico, fez fama atuando por São Paulo, Palmeiras e Corinthians. Numa época em que eram raros os casos de jogadores brasileiros fora do país, obteve sucesso pelo Boca Juniors, da Argentina, e foi campeão italiano (1962) e europeu (1963) pelo Milan, da Itália. Entre os muitos títulos que acumulou como atleta está o da Copa do Mundo de 1958, na Suécia, pela seleção brasileira.

Depois de encerrada a carreira de jogador, em 1966, no Corinthians, passou a trabalhar como treinador em equipes como o próprio Corinthians, Palmeiras, Internacional, Grêmio, Flamengo, Fluminense e Goiás. Também dirigiu o Peñarol, do Uruguai, e a seleção do Catar.

Dino Sani foi o treinador que promoveu Falcão ao time principal do Internacional, nos anos 1970. Ele autorizou o clube a negociar os titulares Carbone e Tovar, afirmando que Falcão fazia tudo que ambos executavam – e melhor.

Como treinador seus principais títulos foram o tricampeonato gaúcho de 1971 a 1973, pelo Inter, e o bicampeonato uruguaio de 1978 e de 1979, comandando o Peñarol.

Ele atuava como meia-esquerda, camisa 10, do São Paulo quando o clube contratou o treinador húngaro Bela Gutman, em 1957. Com Bela Gutman, Dino Sani foi recuado para a posição de volante, ou

cabeça de área, na qual se firmou e viveu seus melhores momentos. Nesta entrevista, Dino Sani recorda os dias em que trabalhou sob o comando de Bela Gutman e fala do impacto provocado pela passagem, ainda que breve, do técnico húngaro pelo Brasil.

Você já conhecia o trabalho de Bela Gutman quando ele foi contratado pelo São Paulo?
Nunca tinha ouvido falar dele. Foi um treinador que tinha personalidade muito forte, sabia o que queria. Sua ideia era um futebol simples, ele queria três passes para o time chegar ao gol do adversário. Sua filosofia era jogar sempre de primeira, o mais rápido possível, sempre para frente, nunca para trás. Eu já fazia isso antes mesmo de trabalhar com ele. Procurava dar um toque, dois toques e jogar a bola para frente, sempre.

Como esse novo estilo de trabalho foi recebido pelos jogadores do São Paulo em 1957?
Alguns jogadores tiveram muita dificuldade, como o Sarará [Olavo Souza Flores, ex-meio-campo de São Paulo e Grêmio, também jogou na Argentina], que ele tirou do nosso grupo e mandou treinar no amador. O Sarará tinha categoria, segurava muito a bola, mas era um baita jogador, muito forte, de futebol elegante. Quando jogou foi um dos destaques do time. [Para o último jogo do Campeonato Paulista de 1957, o substituto imediato de Dino Sani, contundido, era Ademar, que teve problemas intestinais e foi vetado. O clube, então, foi atrás do segundo reserva, Sarará, que não estava relacionado para o jogo e, de início, não queria jogar. Foi convencido, jogou e terminou sendo decisivo].

Demorou para os jogadores assimilarem essa nova cultura de trabalho, um técnico europeu no futebol brasileiro?
Ele falava sempre assim: tac, tac, chuta, passa, repassa e chuta. Queria tudo muito rápido, que o time chegasse logo ao gol, fizesse mudanças de jogo da direita para a esquerda. Demorou para encaixar, mas quando encaixou foi embora, foi muito bem.

Como era o convívio diário com um treinador húngaro?
O seu Bela Gutman era uma pessoa fácil de se lidar, mas não conversava muito, não sabia a nossa língua. Ele fazia o possível para agradar a todos. Era um homem calado, chegava com seu jornalzinho embaixo do braço, se trocava, dava o treino. Ele também cuidava da preparação física. O trabalho físico dele era mais voltado para a parte respiratória que qualquer coisa, a gente dava muita volta em torno do campo.

É verdade que ele não foi muito bem recebido pela crônica esportiva da época?
A crônica batia muito nele. Ele chegava e falava para o intérprete traduzir para os jogadores: "Eles (jornalistas) estão falando e no final nós vamos mostrar para eles o que é o São Paulo. Deixa escreverem. Vamos trabalhar, no final a gente mostra". Teve muita crítica à maneira de jogar, que era totalmente diferente do que se fazia no Brasil. E no início foi realmente muito difícil. Na fase classificatória do Campeonato Paulista, a gente quase caiu.

Atribuiu-se a ele o fato de ter ensinado Canhoteiro, um dos craques do time, a chutar. Isso é mais uma das lendas do futebol ou foi assim mesmo que aconteceu?
É verdade. Bela Gutman fez um painel com números de 1 a 10 e a gente ficava treinando nesse painel, quando acertava, pulava os números, seguia adiante. O Canhoteiro [José Ribamar de Souza, genial ponta-esquerda maranhense que se consagrou no São Paulo, morreu em 1974] nunca gostou de chutar em gol. Ele gostava de driblar e dar os passes para os companheiros fazerem os gols. Mas foi um tremendo jogador. Fico imaginando o que aconteceria se ele tivesse disputado a Copa do Mundo de 1958. Com Garrincha e Canhoteiro seria um desastre para os europeus. [Uma das muitas histórias do futebol diz que Canhoteiro, por ser muito amigo do lateral-direito Djalma Santos, o poupava de seus dribles nos treinos da seleção brasileira e, por isso, teria sido preterido por Zagallo e Pepe na convocação para o Mundial de 1958].

Houve uma importante mudança na sua maneira de jogar, naquele time do São Paulo, que foi proposta por Bela Gutman. O que ele fez?
Eu jogava de camisa 10. O Bauer era um dos titulares e foi para o Botafogo. Também jogava o Ademar, e Gutman falou: "Você vai jogar de 5 no próximo jogo." Era um clássico contra a Portuguesa ou o Palmeiras, não me lembro bem. Mas recordo que fiz gol, me dei muito bem na posição. Antes, expliquei para o treinador que nunca tinha jogado naquela posição. Ele respondeu que isso era problema dele: "Vai lá e joga o que sabe que o resto eu resolvo". Depois chegou o Zizinho, que entrou na meia-esquerda, fechou o buraco que tinha no time. O Zizinho foi um dos melhores jogadores de futebol que vi na minha vida.

Como era o comportamento do treinador Bela Gutman durante o jogo? Falava muito, gritava?
Esse negócio de falar durante o jogo não vale muito. É um ou outro jogador que consegue entender. Com aquele barulho, a tensão, a ansiedade do jogo, o técnico não consegue falar direito com o jogador. A não ser que chegue perto e converse. Eu joguei, eu sei como é. Depois fui treinador, vi como funciona do outro lado. O Bela Gutman falava pouco. Ele trabalhava durante a semana, deixava o time pronto para entrar e jogar.

Uma das revoluções atribuídas a Bela Gutman em sua passagem pelo Brasil foi a implantação do sistema de jogo 4-2-4 por aqui. Você concorda?
A Hungria atuava dessa maneira, o Bela Gutman era húngaro, tinha treinado o time do Honved. No Brasil, o Vicente Feola começou com esse 4-2-4, foi campeão do mundo com esse esquema. Todo mundo passou a jogar dessa maneira; enquanto deu certo foi isso aí, durou muito tempo. Começaram a mudar, enfim, temos o futebol que se joga hoje, que está muito ruim. Os centrais (zagueiros) é que estão armando o jogo. São os laterais que atacam, mas não sabem cruzar, é um ou outro que acerta.

Passado meio século desse trabalho considerado revolucionário de Bela Gutman, do qual você fez parte, o que você acha que ele deixou como legado?
Ele foi embora muito rápido, o que foi uma pena. Era um baita treinador. Fazia as coisas simples, que eram fáceis de fazer, mas que ninguém fazia até então. Houve casos em que até com três toques nós chegávamos ao gol do adversário. Ele criou uma jogada em que o Poy [José Poy, goleiro argentino do São Paulo e posteriormente treinador, morreu em 1996] dava o chutão, o Gino [Gino Orlando, também falecido, centroavante histórico do São Paulo, durante muitos anos foi uma espécie de administrador do estádio do Morumbi] desviava de cabeça e alguém fazia o gol. O time fazia um verdadeiro zigue-zague dentro de campo. Era exatamente o que a Hungria fez em 54. O São Paulo campeão paulista de 1957 foi isso aí, era a cara da Hungria. Aliás, era a Hungria que tinha que ter sido campeã na Copa de 1954 [o time húngaro foi derrotado pela então Alemanha Ocidental na decisão].

Depois de ter trabalhado com Bela Gutman no São Paulo, você voltou a encontrá-lo, teve contato com ele?
Não encontrei mais o seu Bela Gutman. Ele foi trabalhar em Portugal. Eu estive jogando na Europa, mas, infelizmente, não o encontrei. Também sei que ele passou pelo Milan, na Itália, e trabalhou na Argentina. Foi uma pessoa muito positiva para todos que jogaram com ele. Todos falam muito bem dele, falam que propôs e executou um futebol simples, fácil e campeão.

Foto: Que Fim Levou/Terceirotempo.com.br

CAPÍTULO 3

VICENTE FEOLA

Gorducho, bonachão, ele não tinha pinta de treinador. Mas pensava o futebol como um todo e dirigiu a primeira seleção brasileira campeã do mundo.

Pioneirismo é a melhor palavra para definir a trajetória de Vicente Feola no futebol. Muito antes de se utilizar termos como gerente de futebol, ele já exercia essa função. Também muito antes de os técnicos brasileiros de futebol serem cobiçados por equipes estrangeiras ele já tinha sido contratado por um time de fora. Feola, um autêntico faz-tudo no universo do futebol, foi o primeiro técnico campeão mundial de futebol com a seleção brasileira.

Paulistano do bairro do Bom Retiro, reduto de imigrantes italianos, Vicente Ítalo Feola nasceu em 1º de novembro de 1909. Sabe-se pouco sobre a carreira de Feola como jogador de futebol. Os registros mais confiáveis dão conta de que foi atleta do Clube Atlético Estudantes de São Paulo, equipe que surgiu após a falência do São Paulo Futebol Clube da Floresta e que também foi um dos embriões do atual São Paulo Futebol Clube. Há versões de que Feola também jogou pelo Sport Club Americano, mas como esse clube encerrou as atividades em 1916 e Feola nasceu em 1909, isso é impossível.

A partir da década de 1930, Feola começa a carreira de treinador, inicialmente pelo time do Estudantes, depois pelo Sírio Libanês e posteriormente dirigindo a Portuguesa Santista. Mas praticamente toda sua carreira esportiva está ligada ao São Paulo Futebol Clube, onde foi de tudo um pouco.

Homem do futebol

Feola foi o que se pode chamar, sem exagero, de um homem do futebol. Alguns de seus críticos dizem que ele jamais foi um técnico, embora tenha exercido a função. Puro despeito. O primeiro registro de Feola como técnico de time grande é de 1937, no São Paulo.

A última passagem data de 1965. Quando não era treinador, era um tipo de supervisor, gerente, administrador. Sempre que acontecia alguma crise ou um técnico era demitido, ele assumia. Gorducho, bonachão, espírito conciliador, observador atento do dia a dia do futebol, Feola foi bicampeão paulista, em 1948 e 1949, como treinador do São Paulo. Até hoje é o treinador que mais vezes dirigiu o Tricolor paulista, com 524 jogos.

Paulo Machado de Carvalho, empresário, dono da Rádio Record e posteriormente da Rádio Pan-Americana (hoje Jovem Pan) e da TV Record, era muito ligado ao futebol desde os tempos em que seu clube de coração, o Paulistano, tinha um time poderoso, no qual brilhava Arthur Friederich. Há sangue do Paulistano na origem do São Paulo. Até um dos apelidos do clube, "Glorioso", foi herdado do time de futebol do Paulistano, além de certa veia aristocrática. Pois Paulo Machado de Carvalho foi diretor do São Paulo durante muito tempo e ali conheceu o trabalho de Vicente Feola. Essa parceria fez nascer o futebol brasileiro campeão do mundo. Através dela, Vicente Feola entraria para a história.

Pelé e o Marechal da Vitória

Corria o ano de 1957, e a seleção brasileira amargava uma derrota por 3 a 0 para a Argentina, na final do Campeonato Sul-Americano, em Lima, Peru. Oswaldo Brandão era o técnico da seleção. O futebol brasileiro vivia uma crise de auto-estima iniciada com a derrota na final da Copa de 50, no Maracanã, e ampliada pelo fracasso no Mundial da Suíça, quatro anos mais tarde. Naquele tempo, o esporte brasileiro era comandado pela extinta Confederação Brasileira de Desportos (CBD), cujo novo presidente era João Havelange, empresário e ex-atleta olímpico de pólo-aquático. O Brasil tinha grandes jogadores, craques como Nílton Santos, Didi, Zizinho, Garrincha, Evaristo. Mas sempre faltava alguma coisa quando se tratava de Copa do Mundo. Havelange acionou Paulo Machado de Carvalho, que já era o dono da TV Record nos anos 1950, e recebeu do empresário um minucioso plano de trabalho visando à Copa do Mundo de 1958 e à profissionalização dos métodos da seleção brasileira. Até então, os treinadores eram senhores absolutos de tudo que acontecia na equipe nacional, da administração até o plano de jogo.

Antes do chamado Plano Paulo Machado de Carvalho ser colocado em execução, aconteceria um fato que mudaria para sempre a história do futebol mundial. Após a derrota para a Argentina no Sul-Americano de 1957, Oswaldo Brandão foi substituído por seu grande amigo Silvio Pirilo [quando jogaram juntos no Internacional, eram conhecidos como Corda (Pirilo) e Caçamba (Brandão)]. Em 7 de julho de 1957, no Maracanã, Pirilo lançou na seleção brasileira um garoto chamado Pelé, jogador do Santos de apenas 17 anos, num jogo pela Copa Roca [competição que era disputada entre Brasil e Argentina e homenageava o ex-presidente platino Julio Argentino Roca]. O Brasil perdeu por 2 a 1. Pelé fez o gol brasileiro, e o futebol nunca mais foi o mesmo.

Mas voltemos a Paulo Machado de Carvalho e seu plano. A primeira conclusão era de que os treinadores não poderiam ser os senhores feudais da seleção. Por isso foram descartados alguns nomes de perfil centralizador, como o próprio Oswaldo Brandão, e Flávio Costa, técnico vice-campeão mundial em 1950. Chegou-se a cogitar a contratação do paraguaio Fleitas Solich, excelente treinador que comandava um grande time do Flamengo. Mas um estrangeiro dirigindo a seleção brasileira parecia muito ousado.

Carvalho apareceu com o nome de Vicente Feola, que já conhecia de longa data do São Paulo e em cujo currículo constava o cargo de auxiliar técnico de Flávio Costa na Copa de 1950. O espírito conciliador de Feola e a boa aceitação que tinha por parte dos jogadores pareciam perfeitos para o novo método. Foi montado um grupo de trabalho que tinha como peças principais Carlos Nascimento, José de Almeida e o médico Hilton Gosling. Essa turma, com o aval de Carvalho, escolheu Feola para o cargo de treinador. Introduziram-se métodos científicos, como avaliação psicológica, e Paulo Amaral, profissional de Educação Física já muito conceituado no Rio de Janeiro, foi contratado como o

primeiro preparador físico da seleção. Antes, o cargo era acumulado pelos treinadores, com métodos pouco especializados.

Volta, Nilton!

Claro que algumas bobagens foram produzidas. Houve uma sugestão de corte de Garrincha, feita pelo psicólogo João Carvalhaes, argumentando que ele era psicologicamente imaturo. Um relatório apontava causas raciais para os fracassos da seleção até aquela data, afirmando que faltava brio ao povo brasileiro devido à mistura racial. Tamanha idiotice fez com que na estreia na Copa da Suécia o Brasil fosse a campo com 10 brancos entre os 11 titulares, contra os *branquelos* da Áustria. Felizmente, aquela besteira foi abandonada, e a miscigenada seleção de Pelé, Garrincha e Didi fez o que fez naquele Mundial. Ainda assim, no duelo de *branquelos* contra os austríacos, os nossos venceram por 3 a 0.

Eram outros tempos aqueles. Tempos que permitiam o diálogo que será reproduzido logo abaixo. Por conta de situações como esta, Feola chegou a ser até ridicularizado como treinador. Mas a rapidez de raciocínio estava ali, impressa, ainda que numa condição quase de piada. Recordemos, pois. Ainda na estreia contra a Áustria – aquela mesma dos branquelos –, o lateral-esquerdo Nilton Santos, tão craque que era chamado de "A Enciclopédia do Futebol", recebe um passe do zagueiro Bellini e avança rumo ao campo adversário. Cabe lembrar que naquele tempo lateral ainda não atacava. Mas tratava-se de Nilton Santos.

– Volta, Nilton! – grita Feola.

E lá vai A Enciclopédia.

– Volta, Nilton! – repete o treinador.

Mas Nilton já está quase na área da Áustria.

– Volta, Nilton!!!!!! – berra Feola, quase ao mesmo tempo em que o lateral chuta para fazer o segundo gol brasileiro, aos seis minutos do segundo tempo.

– Boa, Nilton! – sentenciou Feola, resignado, do banco de reservas.

Além da capacidade de conciliação, a esperteza para tomar decisões e a ausência quase total de vaidade, que o fazia acatar sugestões dos jogadores diferentemente do que ocorre hoje – muitos treinadores chamariam de interferência –, Feola fez uma grande aposta para a Copa do Mundo: Pelé. O garoto, que já era sensação no Santos, sofreu uma grave contusão após uma falta do lateral Ari Clemente, num jogo contra o Corinthians. A ala médica da seleção sugeria o corte, mas Feola bancou a viagem de Pelé, mesmo machucado, para a Suécia.

Didi banca Pelé e Garrincha

Após a estreia contra a Áustria, o Brasil, com o mesmo time de perfil étnico, digamos, europeu, empatou sem gols com a Inglaterra. Jogo feio. A iniciativa de conversar com Feola e Paulo Machado de Carvalho sobre o mau desempenho do time contra os ingleses partiu de Didi [Valdir Pereira, fluminense de Campos, um gênio do futebol, bicampeão mundial e símbolo do Botafogo, faleceu em 2001, aos 71 anos] – cuja elegância dentro e fora de campo, aliada à pele de tom negro muito escuro, o fez ser chamado de "O Príncipe Etíope". É o que o próprio Didi contou, no indispensável livro *O jogo bruto das Copas do Mundo*, do jornalista Teixeira Heizer.

– Lá na frente ninguém prende a bola. Eu não tenho para quem fazer lançamento. Falta gente lá na frente – argumentou Didi.

– Quem? – perguntou Feola.

– O Garrincha.

– Mas ele não prende a bola demais? – devolveu Feola.

Didi, então, bancou a escalação de Mané. Disse que conversaria com o colega, a quem conhecia profundamente do Botafogo. Também sugeriu as entradas de Vavá e Pelé no ataque.

– Bendita a hora em que me intrometi – afirmou, nas entrevistas para o livro de Teixeira Heizer.

Há outra versão para as mudanças. Didi, Nilton Santos e o capitão Bellini teriam pedido a Paulo Machado de Carvalho que propusesse as

mudanças a Feola. O resultado foram quatro substituições no time que vinha jogando. Dida, craque do Flamengo, deu lugar ao centroavante Vavá, conhecido como "Peito de Aço". Zito, meio-campo do Santos, entrou na vaga de Dino. O ponta Joel Martins cedeu sua vaga a Mané Garrincha. E José Altafini, o Mazzola, saiu para a entrada de Pelé.

Há duas maneiras de se analisar o comportamento de Feola naquela ocasião. Sob os olhos de hoje, ele seria acusado de falta de comando. Naquele tempo sua capacidade para ouvir outras opiniões foi festejada como uma benção. O Brasil venceu a União Soviética por 2 a 0 e estava aberto o caminho para a conquista da primeira Copa do Mundo. Vieram mais duas vitórias, uma sofrida contra o País de Gales, 1 a 0, gol de Pelé; e outra de goleada, 5 a 2 sobre a França. Mesmo placar da vitória na final contra os suecos. O Brasil de Pelé, Garrincha, Didi, Nilton Santos, e tantos outros craques, era campeão mundial pela primeira vez.

No banco estava Vicente Feola, aquele senhor gorducho, bonachão, que, dizem, cochilava durante os jogos. Era verdade? Há relatos de que na Copa de 1958 Feola realmente pegou no sono algumas vezes. Mas consta que por um bom motivo. Sabedor da iniciativa dos suecos de escalarem loiras monumentais para marcar em cima a boleirada nacional, Feola se revezava com Paulo Machado de Carvalho para evitar que nossos craques perdessem a concentração durante as noites. Que deveriam ser de sono. Por isso Feola dormia um pouco durante os jogos. Outra corrente atribui ao excesso de peso e a problemas respiratórios e renais as sonecas do treinador. Também há quem afirme que era tudo fofoca, que o treinador jamais dormiu no banco.

A Copa conquistada pelo Brasil em 1958 reúne histórias que só poderiam mesmo ter acontecido nos chamados "anos dourados". Djalma Santos, o lateral-direito que é considerado um dos maiores de todos os tempos, jogou apenas a final, contra a Suécia. O motivo: o titular, De Sordi, nervoso, não dormiu na antevéspera e passou a noite toda fumando. Quando acordou, nem uma overdose de creme dental enganou o médico da seleção, que avisou Feola. De Sordi foi para a reserva sob o argumento oficial de que estava contundido.

Na terra do inimigo

A fama de Feola corria o mundo graças ao título mundial de 1958. Doente, ele não pôde dirigir o Brasil na Copa de 1962, o que não diminuiu seu prestígio. Foi contratado pelo Boca Juniors, numa ousada ação de marketing para a época. O futebol argentino vivia um péssimo momento, dentro e fora de campo. A falta de resultados da seleção era refletida em estádios vazios e em uma onda de violência entre os torcedores. Os presidentes do Boca, Alberto Armando, e do River, Antonio Liberti, resolveram lançar a "Operação Futebol Espetáculo". A ideia era dar um tempero brasileiro ao futebol argentino. A ação resultou na contratação de Feola e de quatro jogadores brasileiros pelo Boca: Orlando, Dino Sani, Maurinho e Almir.

Feola era uma estrela do futebol, um técnico campeão do mundo, e foi contratado por valores estratosféricos para a época. O contrato era de 40 mil dólares pela temporada – o equivalente hoje a cerca de 950 mil dólares. Para se ter uma ideia, um dólar comprava 160 pesos argentinos em 1962. O Boca cobrava 250 mil pesos para amistosos fora de Buenos Aires. Feola só ia para o banco se o promotor do amistoso pagasse 25 mil pesos extras. A ação de marketing não trouxe grandes resultados. O Boca terminou a temporada em quinto lugar, e o fracasso de Feola praticamente fechou o mercado argentino para técnicos brasileiros. Até hoje se ironiza que a cotação do contrato de Feola foi feita por quilo, numa maldosa alusão ao peso do treinador. E também no país vizinho se propagou a história dos cochilos de Feola em pleno banco de reservas.

Se não conseguiu grandes resultados no Boca, Feola importou do clube argentino uma ideia que rendeu muitos frutos no Brasil. Impressionado com a eficiência da escola de jogadores mantida pela equipe xeneize [corruptela de genovês, referência à origem italiana dos habitantes do bairro de La Boca, em Buenos Aires], vendeu a ideia aos dirigentes do São Paulo quando voltou ao Brasil. O Tricolor paulista não tinha dinheiro para comprar bons jogadores, já que investia tudo na construção do estádio do Morumbi. Feola idealizou um projeto de formação de jogadores, que seriam vendidos para financiar as obras do

estádio. Nascia ali a hoje internacionalmente reconhecida vocação do time para revelar novos talentos. Em reconhecimento a esse pensamento visionário, o São Paulo inaugurou em 1975, ano da morte de Feola, a Escola de Futebol Vicente Ítalo Feola.

O desastre de 1966

A CBD chamou Feola de volta para a seleção, para substituir o campeão de 1962, Aymoré Moreira, após uma turnê pela Europa em 1963. O trabalho visava à Copa de 1966, na Inglaterra. O Brasil já era bicampeão mundial e foi tomado por uma onda de presunção. Feola chamou 47 jogadores para a preparação. João Havelange já estava em campanha para a presidência da Fifa, e a seleção era seu principal cabo eleitoral. O time treinava de forma itinerante para atender a interesses políticos. De início, o projeto previa uma renovação na equipe, já que a base de 1958 e 1962 estava envelhecida. Formaram-se quatro equipes, e a briga pelas 22 vagas foi quase uma guerra. Só Pelé estava garantido, porque era pra ser usado como o maior cabo eleitoral de Havelange. A disputa resultou na incapacidade de se definir um time titular e em mudanças de rumo durante a preparação e no próprio Mundial.

– O Feola era um excelente treinador, mas não se entendeu com o restante da comissão técnica e quem perdeu foi a seleção – recordou o meia Lima, jogador do Santos, um dos poucos que se salvaram do fiasco de 1966.

A convocação de quase 50 jogadores foi um festival de equívocos. Havia veteranos da Copa de 1958, como Bellini, Djalma Santos, Garrincha, Gilmar e Zito, e jovens como Tostão e Jairzinho, que quase foram queimados em 1966, mas brilharam em 1970.

Em apenas 3 jogos na Copa da Inglaterra, o Brasil utilizou 22 jogadores diferentes. Venceu a Bulgária por 2 a 0 na estreia, mas Pelé foi criminosamente caçado pelos búlgaros. O "Rei" não pôde entrar em campo contra a Hungria, e o Brasil perdeu por 3 a 1. No terceiro jogo, o Brasil enfrentou um grande time de Portugal, comandado pelo moçambicano Eusébio, o "Pantera Negra". O time português, dirigido pelo brasileiro Otto Glória, era bom de bola e de pancada. Pelé que o diga, já que apanhou mais do que contra os búlgaros. O Brasil perdeu por 3 a 1, se despediu da Copa da Inglaterra, e Vicente Feola disse adeus à seleção brasileira. Oito anos após a conquista na Suécia, em 1958, Feola deixava a seleção com um saldo bastante positivo. Foram 74 jogos, com 54 vitórias, 12 empates e apenas 8 derrotas. Já bastante doente, o treinador se afastou do dia a dia do futebol até sua morte, em 6 de novembro de 1975, poucos dias após completar 64 anos.

Muito além das piadas sobre o estilo bonachão e das sonecas no banco, Feola deixou uma marca no futebol brasileiro. Era um apaixonado pelo esporte. Implantou inovações, criou. De suas intermináveis conversas sobre futebol no tradicional bar e restaurante Ponto Chic, em São Paulo, surgiram ideias como a organização do Torneio Rio-São Paulo. Metódico, alma da paz, Feola só voltava para casa muito tarde da noite, depois que tivesse a certeza de que sua esposa já estava dormindo. Assim ele poderia fazer o que mais gostava: falar de futebol com os amigos, saboreando uma bela macarronada, sem atrapalhar o sono da companheira.

Feola (segundo da direita para a esquerda, em pé) como técnico do São Paulo, em 1960.

Encontro de Djalma Santos e Nenê, no jogo em que o Juventus ganhou da Portuguesa por 3 a 2.

ENTREVISTA:

DJALMA SANTOS

"Vicente Feola é um dos mestres do nosso futebol."

Ele nasceu Dejalma dos Santos, em São Paulo, em 27 de fevereiro de 1929. O futebol consagrou-o como Djalma Santos. Questões de ortografia à parte, uma coisa não se discute: o lateral-direito Djalma Santos é um dos maiores craques do futebol brasileiro, seja qual for a grafia de seu nome.

Entre 1949 e 1958 atuou pela Portuguesa de Desportos, de São Paulo, integrando o maior time da história do clube, a famosa equipe de 1951 e 1952, dirigida por Oswaldo Brandão, que conquistou a Fita Azul [tradicional prêmio oferecido pelo jornal *A Gazeta Esportiva* para a equipe brasileira que ficasse dez jogos invicta em excursão pelo exterior] e o Torneio Rio-São Paulo. Disputou a Copa de 1954 pela seleção brasileira e foi campeão mundial em 1958, na Suécia, tendo jogado somente a partida final, contra os donos da casa. Repetiu a dose, dessa vez como titular absoluto, no Chile, em 1962, e também participou da fracassada campanha brasileira na Copa de 1966, na Inglaterra.

Em 1963, foi o único brasileiro convocado pela Fifa para integrar uma seleção mundial que enfrentou a Inglaterra, em amistoso comemorativo dos 100 anos do futebol, vencido pela Inglaterra por 2 a 1, em Wembley. Em 2004, na solenidade de comemoração dos 100 anos da Fifa, recebeu diploma de Honra ao Mérito, destacando sua "habilidade, educação esportiva, sociabilidade, retidão e seriedade demonstradas no exercício da profissão, assim como o fato de servir de exemplo aos novos atletas de futebol nos cinco continentes".

Físico privilegiado, Djalma Santos inovou ao cobrar os laterais como se fossem cruzamentos, mandando a bola com as mãos para dentro da área adversária. Sua técnica apurada fez com que acumulasse 111 jogos pela seleção brasileira.

Fez sucesso e conquistou títulos pela Portuguesa, pelo Palmeiras, onde viveu sua grande fase nos tempos da Academia, e também pelo Atlético Paranaense, onde encerrou a carreira em 1972, aos 43 anos.

Atualmente, Djalma Santos, que ainda conserva o porte altivo que remete aos seus tempos de atleta, vive tranquilo em Uberaba, Minas Gerais. Ele transmite todo seu conhecimento para as novas gerações dando aulas em escolinhas de futebol, num projeto social e educacional da prefeitura da cidade. Ele trabalhou sob o comando de Vicente Feola em duas Copas do Mundo: 1958, na Suécia, e 1966, na Inglaterra. Também conheceu o treinador antes que ele assumisse o comando da seleção brasileira. Feola era uma espécie de superintendente, um executivo de futebol do São Paulo, e tentou contratá-lo, impressionado com seu desempenho na Portuguesa. Como já tinha trabalhado na Lusa com o técnico Oswaldo Brandão e o genial ponta-direita Julinho Botelho, que estavam no Palmeiras, optou por reencontrá-los no Palestra Itália, onde também obteve enorme sucesso.

Nessa entrevista, Djalma Santos esclarece alguns pontos polêmicos sobre a carreira de Vicente Feola como treinador e enaltece aspectos pouco lembrados e até esquecidos de uma das figuras mais importantes do futebol brasileiro.

Vicente Feola foi seu treinador apenas na seleção brasileira?
Sim. Trabalhei tendo Vicente Feola como técnico apenas na seleção brasileira, nas Copas de 1958 e 1966.

Antes de ser atleta de Feola na seleção, você já conhecia o trabalho dele como treinador, tinha escutado falar de sua história no futebol?
Nunca ouvi falar do Feola como jogador. Mas ele já era muito conhecido no futebol por causa de seu trabalho no São Paulo, como dirigente e como técnico. Ele chegou a conversar comigo algumas vezes, querendo me contratar para o São Paulo. Também tive propostas do Corinthians, mas eu já conhecia o seu Oswaldo Brandão e o Julinho Botelho, que trabalharam comigo na Portuguesa, e me senti mais seguro indo jogar pelo Palmeiras.

Como era o Vicente Feola técnico de futebol, no trabalho do dia a dia?
Era uma pessoa calma, bastante agradável, inspirava muita confiança na gente pela sua maneira de trabalhar. Ele estava sempre cuidando de tudo, querendo que tudo funcionasse perfeitamente, mas dava muita abertura para que os jogadores colocassem suas ideias. Era respeitoso e respeitado.

Pode-se afirmar que a seleção brasileira campeã de 1958 foi fruto do pensamento futebolístico de Vicente Feola?
Ele que montou aquele time. Não resta a menor dúvida, a seleção brasileira que jogou a Copa do Mundo de 1958 foi fruto do pensamento dele, da pessoa que era o seu Vicente Feola. Futebol para ele era tudo.

Ficou registrado pela história do futebol que na Copa de 1958 havia muita conversa entre a comissão técnica e os jogadores e que houve, inclusive, sugestões por parte dos atletas para que fossem feitas alterações no time. Isso aconteceu realmente?
Conversas nós sempre tínhamos. A gente expunha nossas ideias à comissão técnica, em conversas com o doutor Hilton Gosling, médico da seleção brasileira em 1958, que encaminhava ao Feola e ao doutor Paulo Machado de Carvalho, chefe da delegação. Trocávamos ideias, colocávamos o que achávamos que seria benéfico para o time. O que era bom eles acatavam, o que não era bom, descartavam.

Você tem exemplos de algo que os jogadores não consideravam bom e foi alterado pelo Feola por sugestão de vocês?
A preparação física estava muito puxada no começo. O treinamento dado pelo Paulo Amaral, preparador físico da seleção brasileira em 1958, era considerado muito chato pelos jogadores. Foi amenizado. Se a gente não tivesse conversado sobre isso, poderia ter sido maléfico para os jogadores, poderia ter acontecido alguma contusão.

Como o Feola reagia a essas, digamos, sugestões?
Ele recebia numa boa. As outras pessoas que integravam a comissão técnica e os líderes do grupo de jogadores explicavam para ele o porquê sim e o porquê não de cada coisa que era levada até ele. Sempre chegamos a um acordo.

Você jogou apenas a final da Copa de 1958 (vitória do Brasil sobre a Suécia por 5 a 2), na vaga que era do titular De Sordi. Como foi receber a notícia de que entraria na decisão?
O Feola e o Carlos Nascimento, supervisor da seleção brasileira em 1958, vieram até o meu quarto na concentração para me comunicar que eu jogaria, porque o De Sordi não poderia disputar a final. Perguntaram se eu estava preparado. O Feola disse: "Olha, vai dormir tranquilo que amanhã você vai jogar a final. Será uma partida difícil, contra os donos da casa, mas fica tranquilo, joga o seu futebol". Ele sempre falava desse jeito.

Na Copa de 1966, na Inglaterra, você também foi convocado por Feola. Aquele foi um Mundial desastrado e desastroso para o Brasil. O que aconteceu?
Em 1966 foi muito diferente de 1958 e 1962. Era um negócio para o Havelange [João Havelange, então presidente da Confederação Brasileira de Desportos e futuro presidente da Fifa] ser presidente da Fifa. Foi tudo mais desorganizado, o Feola já não tinha mais o comando da seleção. Eu estava com 37 anos, não acreditava que seria convocado. Acabei tendo que ir porque queriam os campeões do mundo naquela Copa. Foi o Havelange quem comandou aquela seleção, ele tirou a força do Carlos Nascimento, do Feola e dos outros componentes da comissão técnica. Dizem que o Brasil perdeu aquela Copa porque o Pelé estava machucado. Não foi nada disso, o Brasil perdeu para o próprio Brasil.

Existe todo um folclore em torno da figura de Vicente Feola. Gordo, bonachão, diziam que ele dormia no banco durante os jogos. É verdade?
Isso de dormir no banco, em campo, eu nunca vi. Ele sentava nos aeroportos, enquanto a gente esperava os aviões. Quando demorava muito, ele encostava a cabeça e dormia mesmo, como todo mundo faz. Eu tenho fotos do Feola dormindo em aeroporto. Mas dentro de campo, nunca vi.

Você acha que Vicente Feola tem o reconhecimento que merece no Brasil?
O brasileiro não reconhece o Feola. É uma pena. O povo brasileiro não conserva o passado. A gente pouco escuta falar que o Feola foi campeão do mundo. Ele era uma pessoa que tinha que ser lembrada sempre. Foi campeão mundial de futebol pela primeira vez, com a seleção brasileira jogando fora do país. O Feola foi um dos mestres do futebol brasileiro.

Existe algum treinador da atualidade que lembre o estilo de Feola?
É difícil ter outro igual, ele era mais bonachão, mais tranquilo. Não gritava como outros, que também eram muito bons, mas com temperamento diferente. Quando precisava dar uma bronca, ele chamava para conversar no quarto dele na concentração, e aí falava o que tinha que falar. Quando o Feola chamava no quarto dele, a gente já sabia que era complicado.

Foto: Que Fim Levou/Terceirotempo.com.br

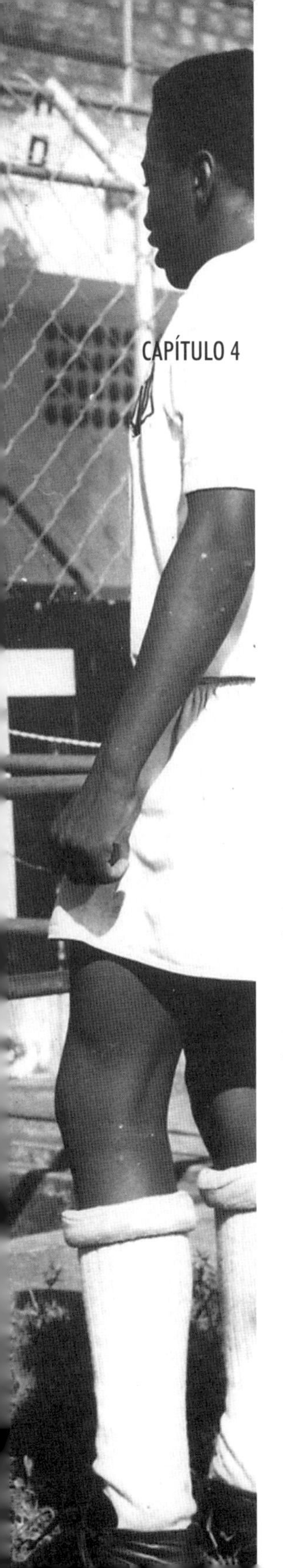

CAPÍTULO 4

LULA

Simplório, vocabulário básico,
nunca jogou futebol.
Mas revelou craques
inesquecíveis e comandou
por 11 anos o Santos
dos sonhos.

Pródigo em produzir ídolos e vilões no imaginário da paixão popular, o futebol brasileiro também é palco de grandes injustiças. Históricas injustiças. A maior delas talvez paire sobre a memória de Luís Alonso Perez, conhecido no meio do futebol como Lula. Coube a ele comandar o maior time de futebol de todos os tempos, o Santos Futebol Clube dos anos 1950 e 1960. Contra o legado de Lula pesam afirmações maldosas como "aquele time jogava sozinho", "treinar uma equipe com aqueles craques até eu", "com Pelé, Coutinho, Pagão, Pepe não precisava de técnico".

Mas como desprezar ou esquecer um treinador que entre 1954 e 1966 comandou uma autêntica máquina de jogar futebol, colecionando 38 títulos e momentos que entraram para a história do esporte mais popular do mundo?

A frieza dos números muitas vezes não conta a verdadeira história. Mas no caso de Lula os números são impressionantes, incontestáveis. Além dos 38 títulos, foram 776 partidas à frente do Santos, com 513 vitórias, 121 empates e 142 derrotas. O Santos de Lula marcou 2.385 gols e sofreu 1.183, com saldo de 1.202 gols , de acordo com os números dos arquivos oficiais do Santos Futebol Clube.

Dos táxis para o melhor time do mundo

Lula não cumpriu a cartilha atual dos treinadores de futebol. Nunca foi jogador. Era motorista de táxi até ceder à paixão pelo jogo de bola. Passava o tempo livre vendo jogos de futebol na praia, em campos de várzea, nas cidades próximas a Santos. Perambulou por times de praia e por torneios amadores da cidade de Santos até chegar à Portuguesa Santista e, finalmente, ao Santos. Trabalhava

com os garotos das categorias de base até ser promovido a técnico interino do time de cima, em 1952. Ficou pouco tempo e voltou ao trabalho com a garotada. No comando dos juvenis do Santos, depois de passar pela Portuguesa Santista, Lula montou uma equipe que fez fama na região, na qual brilhavam dois futuros craques do futebol brasileiro e mundial, cujos nomes conheceremos algumas linhas adiante.

Quando reassumiu a equipe principal, em 1954, gerou a etapa mais gloriosa que se conhece de um time de futebol. Em pouco tempo levou para o time de profissionais alguns garotos que encantariam o mundo, além de um ponta-esquerda de chute violento apelidado Pepe [José Macia, bicampeão mundial com o Santos e com a seleção brasileira, um dos maiores jogadores do Santos e de carreira vitoriosa também como treinador. Ficou conhecido como o Canhão da Vila Belmiro] e um centroavante rápido e habilidoso chamado Del Vecchio [Emanuelle Del Vecchio, falecido em 1995, também com passagens por Boca Juniors e São Paulo].

Sempre que alguém fala do grande Santos dos anos dourados, a última referência é sobre Lula. Quase em todas as citações aparecem histórias curiosas, folclóricas e engraçadas. Mas seria possível alguém liderar o grupo mais talentoso de jogadores de futebol que já passou pelo planeta sem ter algum mérito? Quem trabalhou com Lula procura corrigir esse olhar algo míope sobre sua trajetória.

– O Lula sabia escolher jogadores, via quem era bom – diz Pepe, que foi atleta de Lula no Santos da categoria infantil até o profissional.

Outro segredo do trabalho do treinador era conseguir manter o ambiente de trabalho em constante harmonia, o que lhe valia o respeito de todos os jogadores, mesmo quando a maioria já era consagrada.

Pepe conta que os jogadores do Santos adoravam um jogo chamado bozó [jogo de dados, em que as apostas são feitas após o lançamento dos cubos, que ficam encobertos sob um copo de couro]. Lula também participava da jogatina e sempre pedia que à meia-noite os dados parassem para que todos pudessem dormir. Certo dia, véspera de clássico contra o Corinthians, o jogo estava bom, Lula achava que o dia era dele e foi deixando os dados rolarem. O bozó só terminou às seis horas da manhã. O clássico estava marcado para as dez horas da manhã, no Pacaembu, em São Paulo, e o Santos estava concentrado na chácara

Nicolau Moran, na Serra do Mar, município de São Bernardo do Campo. Após subirem a serra em seus carros, os jogadores do Santos, ainda que sonolentos, venceram por 2 a 0, sem dar a mínima pinta de terem passado a noite entre dados e bitucas de cigarro.

"Meu pai não tinha marketing"

– Meu pai talvez seja o técnico mais injustiçado da história do futebol. Inventaram essa história de que jogava a camisa para o alto. Mas ele tinha um olho clínico sensacional. Ele montou aquele timaço. Mas não falava bem, não tinha marketing – lamentou o filho de Lula, Marcos Alonso Perez, em entrevista ao site globoesporte.com.

O jeitão folclórico e a pouca afinidade com a língua portuguesa geraram histórias divertidas que acabaram se impondo sobre a qualidade do trabalho de Lula. Mesmo assim, como a maioria dos treinadores brasileiros fazia até os anos 1970, Lula se virava com uma sensibilidade acima da média para lidar com os jogadores. Falava o que hoje se convencionou chamar de "linguagem do boleiro". De maneira simples, tropeçando no português, passava seu recado e fazia história. Motivava usando palavras simples e básicas, errava ou não sabia o sentido de muitas delas, mas todos entendiam.

As mulheres dos *mariachis*

Inspirado contador de histórias, Pepe tem em Lula um de seus alvos prediletos. Em seu livro *Bombas de alegria*. revelou algumas delas. Como esta, passada no México, nos anos 1950. Numa das muitas visitas do Santos, haveria uma festa em homenagem ao time, e Lula resolveu contar aos jogadores a novidade:

– Pessoal, vai ter festa em nossa homenagem, com *mariatas* e tudo!

Algum gaiato contestou:

– Professor, esses cantores são os *mariachis* e não "*mariatas*".

Sem perder tempo, Lula, convicto, retrucou:

– Você é uma toupeira. Vai ter tudo isso, os *mariachis* e as *mariatas*, que são as mulheres dos *mariachis*!

Quando precisava advertir o centroavante Coutinho para que controlasse a alimentação e resolvesse seus problemas com a balança, Lula soltava a seguinte pérola:

– Coutinho, toma cuidado, você tem promoção para engordar.

Na verdade, ele queria dizer propensão. Mas saía promoção, todos riam e Coutinho entendia o recado.

Os que conviveram com Lula afirmam que ele sabia como ninguém perceber os sinais do Rei Pelé. Quando ele estava triste, acomodado, inspirado. Por isso conseguia tirar sempre o melhor do maior de todos. Em 1962, o Santos enfrentaria o Cerro Porteño, do Paraguai, pela Libertadores. Jogo chato, adversário tinhoso e de qualidade, que conseguira um empate por 1 a 1 no primeiro jogo, em Assunção. Pelé treinara mal a semana toda, disperso. Na hora da escalação, a surpresa: Lula deixou o craque no banco e apostou na linha Dorval, Mengálvio, Pagão, Coutinho e Pepe. Uma baita escalação, diga-se. O Rei passou o primeiro tempo no banco, com cara de poucos amigos. Entrou no segundo, voando baixo, e fez dois gols na vitória santista por 9 a 1.

Em se tratando de Pelé, qual seria o truque para motivá-lo? Existia algum segredo, uma orientação específica? Pelo que contam os companheiros de Pelé e comandados de Lula, não. A simplicidade do treinador era traduzida nas orientações ao Rei.

– Negão, conto contigo, vai lá e arrebenta com eles – pedia.

Faz sentido. Afinal, como orientar o maior de todos?

Um adorável montador de times

Lula era um sujeito afável, divertido, bonachão. Uma companhia sempre procurada pelos jornalistas nas longas viagens que o Santos fazia em seus tempos áureos. Talvez por isso, pela facilidade no trato e pela simplicidade das ideias, tenha sido sempre tratado como um coadjuvante por alguns repórteres, que terminaram por perpetuar a ideia de que ele era apenas uma figura decorativa naquele mar de craques. Sempre foi um vício de parte da imprensa esportiva zombar de treinadores com pouca cultura e bajular outros de fala mais afetada. Mas sabedoria nada tem a ver com estudo, cultura. Principalmente nesse jogo chamado futebol.

Nos anos 1950, o futebol era muito diferente do negócio cercado por empresários, muito dinheiro e uma aura (muitas vezes falsa) de profissionalismo que conhecemos hoje. O Santos era um time cigano. Para aproveitar a fama adquirida com os títulos conquistados, rodava o mundo em turnês que rendiam muito dinheiro para o clube – boa parte do montante ia para o Rei Pelé. Por isso, o Santos treinava pouco, quase nada. Lula não era um tipo atlético, pelo contrário. Era gorducho. Nunca entrou em campo para chutar uma bola no meio daqueles monstros sagrados. Mas se fazia respeitar, era ouvido e tinha noção exata de como cada peça deveria se comportar na formação de uma equipe.

Sua principal característica como técnico, no entanto, era o olho clínico para encontrar e revelar grandes jogadores. Lançou, ou ajudou a lançar no Santos, Pelé, Pepe, Coutinho e Pagão, entre outros. Contratou grandes jogadores para completar o time. Foi buscar Dorval e Lima no Juventus, Carlos Alberto Torres no Fluminense, Mauro Ramos de Oliveira no São Paulo. Lula sabia montar um time de futebol como ninguém. É o que afirmam os que jogaram com ele no maior time de todos os tempos. São opiniões difíceis de serem contestadas.

Criou o tabu. E acabou com ele

No período de quase 12 anos em que esteve à frente do Santos, Lula conseguiu amigos e, também, é claro, inimigos. Em 1966, a situação de Lula na Vila Belmiro ficou insustentável. Circula até hoje uma versão de que ele teria brigado com Pelé e, nessa trombada de proporções reais, levou a pior. Mas essa versão carece

de credibilidade. Lula teve, sim, problemas pessoais muito sérios que tornaram sua saída do Santos inevitável. Deixemos, pois, as questões pessoais para as pessoas nelas envolvidas.

O fato é que Lula deixou o Santos e foi contratado pelo Corinthians. Justamente o time que não conseguiu vencer o Santos, enquanto Lula era o treinador da equipe santista. Esse tabu, um dos mais famosos do futebol mundial, começou em 1957, num empate por 3 a 3. Perdurou até 6 de março de 1968. Num desses caprichos que o destino adora impor ao futebol, o treinador que dirigia o Corinthians nesse dia era Lula, justamente o Lula que iniciara o tabu por parte do Santos. O Corinthians venceu por 2 a 0, com gols de Paulo Borges e Flávio. O torcedor corintiano, que já amargava 14 anos sem títulos, estava livre de pelo menos uma maldição.

Em êxtase, os corintianos deixaram o Pacaembu cantando "com Pelé, com Edu, nós quebramos o tabu". O capitão do time do Santos enquanto durou o tabu, o volante Zito, já tinha parado de jogar e, atônito, junto ao alambrado do Pacaembu, observava a festa corintiana como um torcedor santista comum. Lula tinha conseguido entrar, também, para a história do Corinthians.

Para entender a dimensão do acontecimento, veja como Paulo Borges, autor do primeiro gol corintiano e símbolo daquela vitória, comentou o jogo:

– Foi a melhor partida da minha vida. O Pacaembu estava lotado e todos esperavam pelo fim do tabu de 11 anos. No segundo tempo, fiz 1 a 0 com um belo chute pela esquerda. Depois, o Flávio aumentou. Eles puseram duas bolas na trave e nos pressionaram muito, mas conseguimos. Nossa festa foi até de manhã e eu fiquei vendo o teipe do jogo lá no Parque São Jorge.

A passagem de Lula pelo Corinthians deixou os seguintes números: 35 jogos, 20 vitórias, oito empates e sete derrotas. Embora tenha libertado os corintianos do tabu diante do Santos, ele não conseguiu dar o título que a Fiel tanto esperava.

Lula foi um personagem daqueles que apenas o futebol brasileiro era capaz de produzir. Estava a anos-luz dos técnicos de hoje, que têm assessores de imprensa, usam sofisticados programas de computador, arriscam termos rebuscados em entrevistas coletivas. Também gostava de contar com a ajuda do plano espiritual. Sempre cuidava para que alguns amigos fizessem a "limpeza" de vestiários, que ele entendia estarem carregados quando o Santos jogava fora de casa. Um famoso jornalista esportivo paulista dos anos 1950 e 1960, Antônio Guzman, publicava uma coluna muito lida chamada "As 20 Notícias", publicada no *Diário da Noite*. Certa vez, em uma de suas notas, Guzman afirmou que Lula costumava fazer despachos na Praia das Vacas, como é conhecida a praia de Paranapuã, na cidade de São Vicente, vizinha a Santos, local bastante conhecido na Baixada Santista como palco de oferendas e afins.

A passagem do treinador pelo Corinthians também ficou marcada por uma polêmica que ganhou páginas de jornais e ondas de rádio e TV, e ficou conhecida como "O Caso da Caixa de Sapato". Ethel Rodrigues, famoso repórter de rádio que também foi árbitro de futebol, revelou que, antes de um clássico entre Santos e Corinthians, foi procurado por Lula, que teria entregado uma caixa de sapato, na qual haveria um, vá lá, incentivo para a arbitragem. Rodrigues fez a revelação em um programa de TV e, depois disso, passou a ser perseguido pelo dirigente corintiano Wadih Heluh e teve sua carreira, como árbitro e jornalista, praticamente encerrada. A poeira inevitável do tempo fez com que a história fosse deixada de lado e, até hoje, não foi esclarecido o que realmente aconteceu.

Mesmo quando trabalhava no Corinthians, Lula ainda tinha sua alma presa ao time e à cidade de Santos. Ele foi morar em São Paulo, mas fazia questão de manter no litoral alguns hábitos cotidianos, como cortar o cabelo e fazer a barba. Sempre no salão próximo à Vila Belmiro, o mesmo frequentado pelos jogadores. Seu sonho era voltar a trabalhar na equipe, sua grande paixão. Em 1971, Athiê Jorge Cury [ex-goleiro do Santos, deputado federal, presidiu o clube desde o começo da década de 1950] perdeu as eleições para a presidência do Santos. Lula tinha esperança de que com uma nova administração seu nome fosse lembrado e ele, enfim, pudesse retornar ao clube. Mas a opção da nova diretoria foi contratar o ex-zagueiro campeão mundial Mauro Ramos de Oliveira.

Hipertenso, com sérios problemas renais, Lula não resistiu a uma infecção generalizada que surgiu após um transplante de rim e morreu em 15 de julho de 1972, com apenas 50 anos de idade. Doze deles passados como técnico do maior time de futebol que o mundo já viu.

Foto: Que Fim Levou/Terceirotempo.com.br

No treinamento do Santos: Lula, Alcino Pellegrini, Pelé e Fioti (sentado), nos anos de 1960.

Foto: Que Fim Levou/Terceirotempo.com.br

Em 1961, no jogo em que o Santos ganhou do São Paulo por 2 a 1, Zito foi expulso pelo árbitro Olten Ayres de Abreu.

ENTREVISTA:
ZITO

"Lula foi o grande técnico do Santos, talvez o grande técnico do Brasil."

José Ely de Miranda, o Zito, é o símbolo de liderança e comando do maior time de futebol que já existiu. Ele era a voz mais ouvida dentro de campo pela equipe fantástica do Santos, que, entre meados dos anos 1950 e 1960, encantou plateias pelo mundo e fez a fama de alguns dos maiores jogadores de futebol da história. Para citar alguns, o Rei Pelé, o próprio Zito, Pepe, Coutinho, Pagão, Dorval.

Paulista do distrito de Roseira, no Vale do Paraíba, Zito chegou ao Santos no início dos anos 1950, depois de se destacar jogando pelo Taubaté, do interior paulista. Na Vila Belmiro ele testemunhou o nascimento e fez parte do time dos sonhos, sob as bênçãos de Luís Alonso Perez, o Lula.

Zito fazia o papel de técnico do Santos dentro de campo. Durante boa parte da fase áurea santista, os técnicos sequer entravam em campo e não havia a figura dos jogadores reservas. Símbolo de seriedade e também de bom futebol, Zito era volante do time que ganhou tudo e mais um pouco. Também foi bicampeão mundial com a seleção brasileira em 1958 e 1962 e participou da Copa de 1966, na Inglaterra. Encerrou a carreira em 1967 e, atualmente, continua ligado ao Santos Futebol Clube como gerente de futebol, participando ativamente do dia a dia do clube.

Nesta entrevista, Zito ajuda a entender melhor a figura humana de Lula, o técnico do Santos nos tempos de ouro, e mostra que nada pode ser mais equivocado do que afirmar que aquele time de gênios jogava sozinho.

Quando você teve o primeiro contato com o Lula?
Cheguei ao Santos em 1952, e o Lula assumiu o time em 1954. Ele era treinador do juvenil, sempre trabalhou com garotos. Antes de ser contratado pelo Santos, treinava o time do Americana,

que jogava os campeonatos amadores da cidade. Era bom treinador de moleques, tinha talento para isso. Era um cara esperto, malandrão. Ele ganhava todos os campeonatos amadores da região, ao lado de outro cara conhecido como China. O Lula foi contratado para treinar os garotos do Santos, depois passou para o profissional. Antes dele teve o Artigas, que era ex-zagueiro do Santos, e um italiano chamado Giuseppe Ottina [treinou o Santos por um breve período e deixou o clube após uma derrota por 2 a 1 para o Fluminense, pelo Torneio Roberto Gomes Pedrosa de 1954].

Sua primeira chance no time titular do Santos foi com a chegada do Lula?
Foi com o Lula. Meu primeiro treinador no Santos foi o Aymoré Moreira [técnico campeão mundial de 1962 com a seleção brasileira]. Em 54, já com o Lula, o time foi vice-campeão paulista e começou a crescer. Lula contratou o Walter Marciano, do Ypiranga, que era um grande craque da época. Também começou a colocar os mais jovens e foi formando um grande time. Em 1955 já fomos campeões paulistas.

Fala-se muito do Lula, contam-se muitas histórias folclóricas, de que ele na realidade não precisava treinar o time, que era tão bom que jogava sozinho. Como ele era no dia a dia, como técnico de futebol?
Ele foi técnico do Santos por quase 12 anos seguidos. Já é um recorde para um time de futebol. Com ele no comando, nós ficamos 11 anos sem perder para o Corinthians, até o famoso jogo da quebra do tabu, o do gol do Paulo Borges. E o Lula estava do outro lado, era o técnico do Corinthians. Eu já tinha parado de jogar, vi aquele jogo como um torcedor, do alambrado do Pacaembu. O Lula tinha uma estrela muito boa, era muito esperto. Sabia como tirar da gente as coisas boas. Não era durão, não era exigente, só quando precisava. Eu me dei muito bem com ele, que me liberava pra tomar conta das coisas lá dentro de campo.

Fala-se muito do jeito bonachão e das dificuldades do Lula com a língua portuguesa. Como os jogadores lidavam com isso, havia muita gozação?
A linguagem dele era chula, do brasileiro comum, era o "futebolês". O Lula foi um cara muito simpático, tinha muitas amizades. Mas

ninguém tirava sarro na frente dele, tudo era feito sempre de lado, disfarçadamente, quando ele estava longe. O Pepe tinha o hábito de fazer uns programas de rádio, umas entrevistas de gozação quando a gente estava viajando. Ele gravava tudo que acontecia e depois passava as fitas para todos ouvirem. Sempre sobrava alguma coisa pra ele, que levava tudo numa boa. Nosso grupo era muito bom, muito unido. O Lula era muito simples, simplório até, no jeito de se expressar. Mas ficou 12 anos num clube e armou um time que jamais será visto novamente no Brasil.

Mesmo assim, com essas dificuldades para se expressar, ele controlava a disciplina do grupo?
Tinha o controle total. Os mais velhos ajudavam. Foi uma época muito diferente da de hoje. Ele perguntava a opinião da gente. Às vezes alguém estava mal, não queria jogar, ele chegava, conversava. Dizia vem cá, preciso de você, assim, assado. A gente ia pra o sacrifício por causa dele. Hoje não se faz mais isso, imagine! É tudo muito profissional. Naquele tempo a gente jogava por amor mesmo.

Foi sob o comando de Lula que o Pelé começou a aparecer no time do Santos?
O Pelé jogava no juvenil e só veio treinar conosco depois que o Vasconcelos [o mineiro Valter Vasconcelos, falecido em 1983] quebrou a perna. O Vasconcelos era a estrela do Santos, um grande craque. O Lula gostava de ver os juvenis treinando. Trouxe Pepe, Del Vecchio, Coutinho para o time de cima. Ele gostava de colocar sangue jovem no time. Quando perdemos o Vasconcelos, em 1957, que quebrou a perna num jogo com o São Paulo, o Pelé entrou. Eu joguei contra o Pelé quando ele estava começando. Já era difícil tomar a bola dele. Ainda não era espetacular, mas caiu no time certo, na hora certa. Se o Vasconcelos não quebra a perna, o Pelé nem jogaria a Copa de 1958.

A revelação de jogadores foi a principal característica do Lula como treinador?
O Lula se realizava em cada garoto que ele punha para crescer. Ele queria lançar o Coutinho com 14 anos de idade. Tivemos que pedir

licença pro Juizado de Menores para que ele pudesse participar de um jogo à noite, contra a Portuguesa.

É correto afirmar que você fazia o papel de treinador para o Lula dentro de campo?
Naquele tempo nem tinha banco, não tinha reserva no futebol. O treinador não entrava em campo. Alguém tinha que tomar conta. Eu era o capitão, eu tomava conta do Santos para ele. O Lula apenas dava as instruções antes do primeiro tempo e no intervalo. As coisas eram muito diferentes. Mas ele tinha muita autoridade. Xingava, tirava o jogador, não era muito macio, não.

Como era o treinador Lula nas horas de trabalho dentro de campo?
A gente brincava mais que treinava, porque eram muitas viagens, muitos jogos. Ele era forte, gordo, nunca entrou na pelada com a gente. Parava quando o treinamento era muito sério, orientava. Quando a gente viajava, o treino era mais pra ter contato com bola. Aquele negócio de joguinho de preto contra branco, dois toques, não havia treino. Era mais intuição que organização. Tava tudo pronto.

Você lembra de alguma situação em que o Lula mostrou, especificamente para você, sua principal característica como treinador e líder daquele time do Santos?
Eu estava muito mal, com bronquite, naquela decisão contra o Benfica, em Portugal, no Mundial de Clubes de 1962. Ele ficou ali me "cantando" uma meia hora, quarenta minutos. O Lula dizia: "você precisa disso, o time precisa daquilo, você não pode deixar de ir pra o jogo". Ele me convenceu a entrar mesmo sem condição. No fim deu certo, né? Ele tinha essas coisas. Motivava, sabia conversar, tirar do atleta o máximo que podia dar.

Você acredita que hoje em dia é possível que um treinador com o estilo do Lula tenha o mesmo sucesso?
Como ele eu acho difícil. Hoje mudou a própria disciplina, né? Jogador ganha muito, tem que haver uma disciplina maior. Naquele tempo era mais por amor. Hoje são mais profissionais, a disciplina precisa estar

em primeiro lugar, a coisa é muito rígida. Valorizaram ambas as partes, tanto o jogador como o treinador. Há até casos de exageros de alguns técnicos mais famosos. Os jogadores bons são bons, estão aí, mas imediatamente são vendidos. O nosso dinheiro não vale mais nada. Infelizmente, acho que o futuro do nosso futebol vai ser muito pior.

A saída do Lula do Santos foi traumática? O que aconteceu?
Ele saiu em 1967 e foi pro Corinthians. Não deve ter saído numa boa, tudo é traumático, não foi uma situação normal. Ele não podia mais continuar. Poderia ter algum problema pessoal se ficasse. Chegou a hora dele, entrou o Antoninho Fernandes. Ele saiu do Santos e já mudou para São Paulo imediatamente. Mas continuamos amigos, sempre mantivemos contato.

Ele teve problemas com o Pelé?
Não teve nada a ver com o Pelé, isso não existe. O Lula precisava sair, houve um desgaste. Ficou muito tempo no clube, criou muitos inimigos também. Foram coisas mais pessoais.

O sonho dele sempre foi voltar ao Santos?
Ele tinha isso lá dentro dele, a vontade de voltar para o Santos. Cortava o cabelo em frente ao Santos, os hábitos não mudavam, mesmo estando em outro clube, morando em outra cidade.

Lula foi o maior técnico da história do Santos Futebol Clube?
Foi o grande técnico da história do Santos. Todo aquele time maravilhoso foi feito por ele, não há como negar isso. Talvez ele tenha sido o grande técnico do Santos e do Brasil, mas não posso dizer do mundo, porque aí já é outra história. Só que ninguém lembra dele, ninguém fala dele. Infelizmente é assim, né? Parou, morreu. Nunca conversei com ele sobre isso, eu o respeitei a vida inteira como grande treinador que era. Sempre enaltecia. Não foi por mim que ele ficou esquecido, nem por todos que jogaram com ele. O Santos é um time do interior. Se fosse da capital, do Rio, de São Paulo, ele talvez fosse mais reconhecido como treinador.

Foto: Que Fim Levou/Terceirotempo.com.br

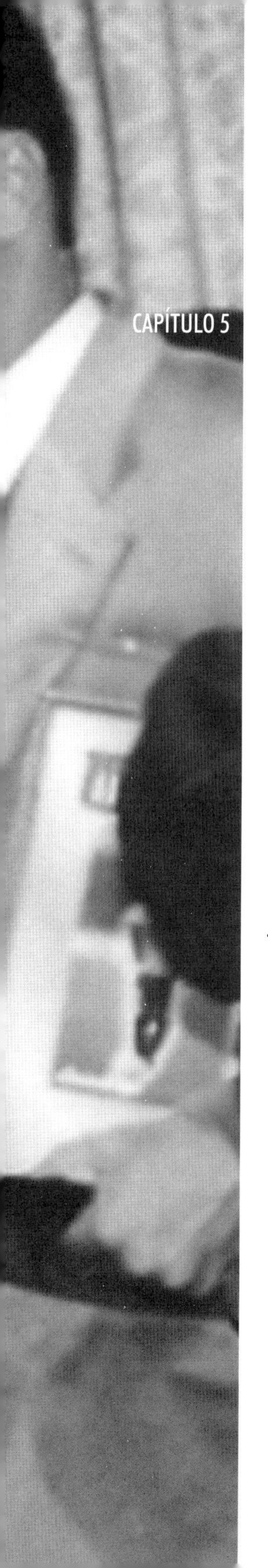

CAPÍTULO 5

ZAGALLO

Sinônimo de seleção brasileira, ganhou duas Copas como jogador, uma como técnico e outra como coordenador. Imprimiu revoluções táticas com a bola nos pés e com a prancheta nas mãos.

Imagine alguém cuja presença em momentos importantes do melhor futebol do mundo tenha impacto como protagonista por 40 anos. Deixe de lado exageros ufanistas ou elogios óbvios. A participação de Mário Jorge Lobo Zagallo nas principais conquistas do futebol brasileiro e a sua importância para o esporte em escala mundial são incontestáveis. Zagallo não se encaixa em nenhuma lista dos maiores jogadores de todos os tempos, embora tenha sido um atleta importante. Mas algumas das mais profundas e persistentes mudanças no estilo de jogo e nos fundamentos táticos do futebol passaram pelos pés e pelas ideias desse alagoano nascido em 9 de agosto de 1931.

Zagallo deixou Alagoas muito jovem com sua família e se estabeleceu no Rio de Janeiro, onde ele fez a vida. No Colégio Marista e no América, clube do qual era sócio, Zagallo foi apresentado ao esporte. Jogava futebol, vôlei e tênis de mesa no América e participava de campeonatos pelo time do Marista. Enfrentou alguma resistência em casa quando, em 1948, foi treinar com o time juvenil do América. Afinal, naqueles tempos o futebol não era profissão para "moços de boa família".

No Maracanã em 1950

Em 1950 Zagallo fez teste no Flamengo e foi aprovado. Também começou a servir o Exército, que dividia seu tempo com o futebol. É como soldado do exército brasileiro que Zagallo inicia sua ligação quase uterina com a seleção brasileira. Ele estava no Maracanã, fazendo guarda dentro de campo, no fatídico 16 de julho daquele ano, quando o Brasil perdeu por 2 a 1 para o Uruguai, na final da Copa do Mundo.

Dois anos mais tarde, em 1952, foi o técnico brasileiro na Copa de 1950, Flávio Costa, quem promoveu Zagallo ao time profissional

do Flamengo. No ano seguinte, o paraguaio Fleitas Solich, um dos grandes treinadores da história do Rubro-Negro, assumiu o time. Solich ajudou Zagallo a encontrar seu caminho. O paraguaio exigiu que o jogador fosse mais objetivo e caprichasse nos cruzamentos. Foi quando o jogador percebeu que poderia fazer a diferença. Inteligente, Zagallo, que já era formado em contabilidade, fez uma constatação racional e viu que a concorrência era pesada no meio-campo. Havia muita gente melhor que ele. O mesmo valia para a ponta-esquerda. Então decidiu ser um ponta-esquerda diferente. Poderia jogar mais recuado, ajudando na marcação, e dando suporte às ações de ataque. Era o embrião do que hoje se conhece como quarto homem de meio-campo. Vale recordar que o futebol dos anos 1950, no Brasil, tinha como base uma linha de quatro atacantes e apenas dois jogadores de meio-campo.

A obsessão pelo número 13

Fora de campo a vida de Zagallo seguia tranquila. O lado supersticioso, hoje fartamente divulgado graças a sua paixão pelo número 13, nasce, claro, em um 13 de janeiro de 1953, dia de seu casamento – já como jogador conhecido do Flamengo – com Alcina. A partir desse dia, Zagallo adotaria o 13 como amuleto. Ele mora num apartamento que fica no 13º andar, as placas de seus carros terminam em 13 e, vira e mexe, procura uma coincidência que considere cabalística. Como somar os últimos dois números dos anos das Copas de 1958 e 1994.

Em 1958, dias antes do embarque da seleção para a Copa da Suécia, Zagallo participava de um treino no Maracanã e estava no gol. Como ainda não havia substituição no futebol, ele e Pelé eram treinados como goleiros para uma emergência. Ao pegar um chute de Bellini, Zagallo machucou o dedo indicador da mão esquerda. Foram necessários – olha a coincidência! – 13 pontos. Mesmo assim, ele foi para a Copa e voltou campeão do mundo. Os 13 pontos se juntaram à lista de superstições.

Mas algumas vezes o 13 deixou Zagallo na mão. Em 2006, antes da partida contra a França, na Copa da Alemanha, ele disse que Brasil e França somavam 13 letras. A França venceu, como na final da Copa de 1998, e não houve 13 que mudasse isso.

Muito além da superstição, mesmo ainda bastante jovem, Zagallo já tinha um comportamento profissional diferenciado. Em seu primeiro contrato com o Flamengo preferiu receber salário menor com a opção de ser dono de seu passe ao final do compromisso. Naquele tempo o jogador tinha sua atividade profissional presa ao clube na forma de um documento chamado passe. Em resumo, o clube era dono do jogador. Divergências no cumprimento do contrato com o Flamengo fizeram com que o pai de Zagallo, Aroldo, comprasse o passe do filho por 100 mil cruzeiros, uma quantia pequena para a época.

Zagallo passou a ser dono de seu próprio destino e foi jogar no Botafogo. Ao lado de gênios como Didi, Nilton Santos e Garrincha encontrou seu espaço e se firmou. Sempre pelo lado esquerdo do campo, ajudando na marcação, incansável. Chegou à seleção brasileira principal e foi chamado para a Copa do Mundo de 1958. Apesar da concorrência do atacante Pepe, craque do Santos, Zagallo foi escalado como titular no Mundial da Suécia.

– O Zagallo era o único atacante que ajudava o meio-campo – explicou, recordando aquele tempo, o capitão do time, Bellini.

A formiguinha faz a revolução

A consagração na Suécia mudou o futebol brasileiro e a vida de Zagallo. Ele era um campeão mundial, tinha feito gol na vitória por 5 a 2 sobre os suecos, na decisão. Mas na volta ao Brasil, retomando sua vida como jogador do Botafogo, viveu um drama. Após sofrer uma violenta entrada do lateral Jadir, num clássico contra o Flamengo, teve uma séria contusão no joelho esquerdo que o afastou do futebol por quase nove meses. Recuperou-se e iniciou uma fase gloriosa. Foi bicampeão carioca com o Botafogo, em 1961 e

1962, e disputou sua segunda Copa do Mundo como titular. No Chile, em 1962, novamente venceu a disputa com Pepe e, taticamente, se sacrificou para ajudar o time e, principalmente, o craque Nilton Santos, lateral-esquerdo. Zagallo trabalhava como uma formiguinha operária em função do time. Apelidado de "A Enciclopédia do Futebol", Nilton Santos ainda hoje agradece a Zagallo por ter corrido por ele em 1962. O Brasil foi bicampeão mundial, na Copa em que brilhou Garrincha. Pelé foi ao Chile machucado, não suportou as dores e ficou fora a partir do segundo jogo, contra a Tchecoslováquia. Garrincha liderou uma seleção cuja base de 58 estava envelhecida e, sem Pelé, não foi tão brilhante, mas fez o suficiente, com muitos outros craques e o futebol operário de Zagallo, para conquistar o bi mundial.

Zagallo talvez ainda não soubesse, mas já nascia, naquelas duas conquistas de Copa do Mundo como jogador, o treinador revolucionário em que ele se transformaria. Não tardaria para que ele virasse técnico de fato. Em 1965, com 34 anos, Zagallo e outros campeões mundiais que jogavam pelo Botafogo foram perdendo lugar no time. Ele, então, aceita o convite para treinar o time juvenil do Botafogo e acumula as funções de técnico e jogador por um tempo. Conquista seu primeiro título como treinador – o de campeão carioca juvenil – e, em 1966, assume o time principal. Ao comando de uma promissora geração de jovens craques como Paulo César (Caju), Rogério, Roberto e Jairzinho, Zagallo rapidamente se firma como treinador. Foi bicampeão carioca em 1967 e 1968 e campeão nacional em 1968, conquistando a Taça Brasil, embrião do Campeonato Brasileiro.

O Botafogo era um dos grandes times do país, e Zagallo, confiante, acreditava que seria chamado para comandar a seleção brasileira para a Copa de 1970, no México. Mas foi surpreendido quando soube que a Confederação Brasileira de Desportos (CBD) havia optado pelo gaúcho João Saldanha, famoso cronista esportivo radicado no Rio, que também tinha sido técnico do Botafogo.

De volta à seleção brasileira

Saldanha tinha sido escolhido por causa do perfil disciplinador, durão. A ideia era apagar a péssima impressão deixada pela seleção na Copa de 1966, na Inglaterra: eliminada na segunda fase, sob o comando de Vicente Feola. Saldanha era do tipo que não levava desaforo pra casa. Chegou a ir do Botafogo, onde era técnico, até o Flamengo, revólver em punho, à procura do treinador rubro-negro Yustrich, seu desafeto. Yustrich, prudentemente, não estava a sua espera.

Mas Saldanha teve problemas com Pelé. Houve uma história de que Saldanha quis tirar Pelé do time alegando que o Rei era míope. Havia problemas de relacionamento. O técnico achava que Pelé estava querendo interferir na escalação. Um empate contra o time do Bangu, num jogo-treino, provocou a saída de Saldanha. Também contribuiu o ambiente político no país. O Brasil estava sob uma ditadura militar e Saldanha era militante comunista. No melhor estilo "faca na bota", Saldanha retrucou um comentário do general Emílio Garrastazu Médici, então presidente do Brasil, que havia sugerido que Dario (o Dadá Maravilha, do Atlético Mineiro) deveria ser convocado. Há várias versões para a resposta de Saldanha, mas o sentido era muito claro, algo como:

– O presidente escala o Ministério e eu escalo a seleção.

Zagallo substituiu Saldanha e montou uma comissão técnica que prestaria longos serviços ao futebol brasileiro. O preparador físico era Admildo Chirol, técnico interino do Botafogo em 1966, quando Zagallo começou como treinador. Dois jovens preparadores físicos de formação militar, Carlos Alberto Parreira e Cláudio Coutinho, foram chamados para colaborar. Parreira iniciava um trabalho inovador de observação de jogos: fazia fotografias das equipes destacando a formação tática. Zagallo passou a utilizar essas fotografias, exibidas em slides, para apresentar os adversários aos jogadores. Também foi feita uma rigorosa observação das seleções que estavam classificadas para a Copa do México. A CBD formou a Comissão Selecionadora Nacional (Cosena) para auxiliar no trabalho de renovação e observação. Participavam da Cosena Paulo Machado de Carvalho, o Marechal da Vitória, comandante das delegações campeãs mundiais de 1958 e 1962, o técnico Aymoré Moreira,

campeão em 1962, e Oswaldo Brandão, um dos grandes treinadores da época. Além de observar adversários eles comandavam seleções de novos e seleções estaduais para testar jogadores.

Foi com base nas fotografias de Parreira e nas dicas da Cosena que Zagallo e sua comissão técnica concluíram que a Copa do México seria decidida, também, pelo preparo físico. Alguns jogos na altitude, sob sol forte, e as informações que chegavam da Europa davam conta de muita força física nas seleções daquele continente.

Zagallo fez uma profunda intervenção tática na seleção brasileira. Ele considerava o time que herdara de Saldanha vulnerável no meio-campo. Aplicou, então, um pouco da fórmula que utilizara para que ele próprio pudesse vencer como jogador. Era um time de grandes craques aquele de 1970. Encantou o mundo com um futebol técnico, objetivo, mas também tático, com inovações coletivas. O Brasil de Pelé, Jairzinho, Tostão, Gérson e Rivellino era um time que recuava para seu campo de defesa a fim de marcar o adversário. Isso valia até para Pelé, que ajudava na ocupação de espaços. O Rei e Tostão trocavam frequentemente de posição no ataque. Jairzinho era um atacante mais aberto pela direita e Rivellino completava o meio-campo, num 4-3-3 que variava para um 4-4-2 quando Tostão recuava e abria espaços para os avanços de Rivellino ou Jair. No meio-campo, Clodoaldo fazia o papel do volante mais marcador e Gérson tinha espaço para seus preciosos lançamentos. Carlos Alberto Torres era o lateral com liberdade para atacar e Everaldo guardava mais posição pela esquerda, por onde quem atacava era Rivellino, ou então Paulo César Caju. Na defesa havia Piazza, mais clássico, e Brito, vigoroso. Félix era o goleiro, muito criticado por alguns, mas decisivo na Copa.

O primeiro campeão do mundo como jogador e técnico

O Brasil venceu todos os jogos da Copa de 1970, encantou o mundo e foi campeão mundial pela terceira vez num espaço de 12 anos. Nos três títulos houve a participação de Zagallo. Ele praticamente havia inventado uma nova posição em 1958 e 1962, a de ponta recuado e, agora como treinador, transformava o futebol brasileiro. Além da técnica inigualável passava a existir um sentido tático e participativo até então inédito. Para completar, o cidadão brasileiro Mário Jorge Lobo Zagallo se transformava no primeiro ser humano a ser campeão mundial de futebol como jogador e como treinador [o alemão Franz Beckenbauer repetiria o feito em 1990, como técnico, após vencer em 1974 como atleta].

Sempre há um ou outro comentário afirmando que Zagallo era figura decorativa, que os craques escalavam o time. Mas os próprios jogadores desmentem e admitem que havia um comando, embora Zagallo fosse aberto a sugestões e participações dos atletas.

Mas Zagallo pagou um preço pelo sucesso. Seu nome acabou sendo injustamente envolvido em temas políticos da época. O sucesso da seleção foi explorado pela ditadura militar e houve quem ligasse o treinador a tudo isso. Retratos de uma época que, felizmente, não existe mais.

Três vezes campeão do mundo, Zagallo tocava a vida de treinador no futebol carioca. Trocou o Botafogo pelo Fluminense, onde foi campeão estadual em 1971, tendo Parreira ao seu lado. O treinador foi bicampeão carioca, mas o Fluminense, não. Em 1972 a festa de Zagallo foi com as cores do Flamengo, por quem conquistaria também a Taça Guanabara de 1973.

Sem Pelé, que anunciara sua despedida da seleção após a Copa de 1970, e com um grupo desunido e disperso, Zagallo dirigiu o Brasil na Copa da Alemanha, em 1974. Também não estavam no time Tostão, Carlos Alberto Torres e Gérson. Ainda assim era uma seleção de grandes jogadores, como Rivellino, Jairzinho, Piazza, Caju, Luís Pereira. A base da convocação era o Palmeiras, então bicampeão brasileiro. Zagallo foi muito criticado por não ter dado chance a Ademir da Guia, o grande craque palmeirense. Aos trancos e barrancos o time foi avançando até a fase semifinal. Mas não resistiu ao carrossel holandês de Cruyff e companhia, perdendo por 2 a 0. Zagallo foi acusado de desprezar e desconhecer a capacidade holandesa, o que ele negou. Embora tenha, de fato, dito que era a Holanda que deveria se preocupar com o Brasil e que o time holandês não assustava. Mais tarde, reconheceu

a qualidade da chamada Laranja Mecânica [referência ao uniforme da equipe holandesa e à incrível versatilidade de seus jogadores].

– O time holandês era fantástico, tinha uma movimentação jamais vista no futebol. Foi uma geração de ouro da Holanda. Eu não teria feito nada diferente. Só queria que o Brasil tivesse aproveitado as oportunidades que apareceram naquele jogo – disse Zagallo, durante a Copa de 2006, novamente na Alemanha.

Na decisão do terceiro lugar, o Brasil perdeu para a Polônia por 1 a 0.

Lobo no Deserto

No retorno ao Brasil, Zagallo foi acusado de "retranqueiro", defensivo e traidor das virtudes do futebol brasileiro. Iniciava-se um período sem títulos para a seleção em Copas do Mundo. Zagallo aceitou o desafio de trabalhar no mundo árabe. Levantou acampamento com sua trupe de fiéis escudeiros, Carlos Alberto Parreira e Admildo Chirol, e foi treinar a seleção do Kuwait. Conquistou um título da Copa do Golfo e voltou ao Brasil por causa da família. No Kuwait desenvolveu o gosto pelos jogos de tênis. Passou sem sucesso pelo Vasco e retornou ao Oriente Médio, para treinar o Al Hilal, da Arábia Saudita. Foi nessa ponte aérea entre o Rio e o Oriente Médio que Zagallo tocou a vida por um tempo. Treinou o Vasco e foi campeão da Taça Rio (segundo turno do Campeonato Carioca) de 1980. Embarcou rumo ao deserto para dirigir a seleção da Arábia Saudita, que se classificou para a Olimpíada de 1984. Mesmo ano em que, de volta ao Flamengo, conquistou a Taça Guanabara (primeiro turno do estadual). Andou por Flamengo, Botafogo, o modesto Bangu e Vasco. De volta ao deserto, o Lobo classificou a seleção dos Emirados Árabes para a Copa de 1990.

No meio do caminho, fazendo um comentário para a TV após a eliminação do Brasil na Copa de 1982, na Espanha, Zagallo sentenciou:

– É preciso repensar o futebol brasileiro.

Essa nova maneira de pensar o jogo de bola seria colocada em prática no país do futebol. E teria, novamente, sua participação.

É tetra!!!

O início dos anos 1990 foi terrível para o futebol brasileiro. A seleção fez uma Copa do Mundo ruim, fortemente influenciada por ideias europeias de jogo. Sebastião Lazaroni, técnico de carreira fugaz, assumiu o cargo de treinador, catapultado pela montagem do time do Vasco que seria campeão brasileiro de 1989, já treinado por Nelsinho Rosa. Cheio de ideias e termos europeizados, lançou o "lazaronês", que redundou numa seleção cheia de picuinhas internas e futebol pequeno, tão confuso quanto o discurso de seu treinador. O Brasil caiu diante da Argentina e de Maradona nas oitavas de final. Para o recomeço, a Confederação Brasileira de Futebol (CBF) apostou em Carlos Alberto Parreira, que já havia treinado a seleção sem sucesso nos anos 1980, e estava no modesto Bragantino, de São Paulo. Zagallo foi chamado para o posto de coordenador técnico. Graças à amizade e à sintonia de ambos em muitos anos de trabalho, não houve problemas. Parreira seria o treinador de campo, do dia a dia, e Zagallo participaria das convocações e da formação tática.

A dupla não teve vida fácil no retorno à seleção. A pressão pelos 24 anos sem o gostinho de vencer uma Copa era enorme. Ainda pairava sob Zagallo a imagem do fracasso em 1974, e o perfil metódico de Parreira não era bem recebido por críticos e torcedores. O início foi ruim, com o fracasso do Brasil no Pré-Olímpico do Paraguai e muita desconfiança nas Eliminatórias. O Brasil passou a ser vaiado pelo país após resultados ruins, como a primeira derrota na história das Eliminatórias, um 2 a 0 para a Bolívia, em La Paz.

Zagallo ficou com o papel mais difícil. Foi ele quem deu a cara para bater em entrevistas. Também procurou resgatar o discurso do amor à camisa e sua história de vencedor. No jogo de volta contra a Bolívia, em Recife, em agosto de 1993, a seleção entrou de mãos dadas em campo, com apoio total da torcida, e venceu por 6 a 0, num marco da recuperação e da compra pelo time do discurso de Zagallo. O drama, contudo, foi até o último jogo das Eliminatórias. Havia uma revolta popular pelo fato de Romário, em grande fase no Barcelona, não estar sendo convocado. Falava-se em questões disciplinares. O fato é que por pressão popular ou da direção da CBF, ou até mesmo por uma decisão

de Parreira (até hoje não ficou claro), Romário foi chamado para o jogo decisivo contra o Uruguai e fez os dois gols da vitória por 2 a 0 que levou o Brasil à Copa dos Estados Unidos.

Nem por isso houve paz entre Parreira e Zagallo e parte da torcida e da imprensa. A proposta da dupla de comando era evidente: um time mais consistente no aspecto tático, dando ênfase à proteção da defesa e deixando livre a dupla Romário e Bebeto para decidir na frente. Parreira e os jogadores eram preservados do contato com os jornalistas. Zagallo seria a cara da seleção, sempre confiante, acreditando na mística da camisa amarela e na cabalística soma de 9 com 4, que dá o seu tão querido 13.

A seleção brasileira de 1994 não foi brilhante, mas mereceu vencer a Copa do Mundo dos Estados Unidos. O time realmente tinha uma defesa sólida e um meio-campo marcador, comandado por Dunga e Mauro Silva. Romário, esse sim, brilhou, auxiliado por Bebeto. O Brasil passou sem problemas pela fase de classificação, sofreu para derrotar os Estados Unidos exatamente em um 4 de julho, dia da independência americana, e chegou à final após bater a Suécia por 1 a 0. A decisão era contra a Itália, 24 anos após os 4 a 1 de 1970. Zagallo estaria novamente em uma final de Copa. Seria a quarta vez em sua vida, duas como jogador, uma como técnico e outra como coordenador. O Brasil venceu nos pênaltis, após o interminável tempo normal mais prorrogação sem gols, e, finalmente, voltou a conquistar a Copa do Mundo.

No meio do caminho tinha uma convulsão

Zagallo foi um dos símbolos do tetra. O que lhe valeu o convite para continuar o trabalho, novamente como treinador, rumo à Copa da França, em 1998. A seleção não precisaria disputar as Eliminatórias e Zagallo pôde tentar uma renovação, implantando uma seleção de novos. [O termo era utilizado para definir um time de jovens jogadores que ainda não tinham sido chamados para a seleção principal.]

Embarcou na aventura de buscar uma medalha de ouro nas Olimpíadas de Atlanta, em 1996, com uma equipe que tinha Ronaldinho Fenômeno como maior estrela. O Brasil naufragou diante da Nigéria nas semifinais e pagou um mico de proporções olímpicas ao não comparecer à cerimônia de entrega da medalha de bronze. O treinador conseguiu se redimir em 1997, conquistando a Copa América da Bolívia, vencendo os donos da casa na final em La Paz e inaugurando o famoso bordão "vocês vão ter que me engolir", respondendo aos seus críticos.

A Copa de 1998 foi cheia de altos e baixos para o Brasil. Houve novamente polêmica envolvendo Romário, que foi cortado antes da estreia por causa de uma contusão, mas afirmou que tinha condição de se recuperar ainda durante o Mundial. Mesmo sem empolgar, o Brasil chegou à decisão contra a França, após uma batalha contra a Holanda na semifinal, vencida nos pênaltis. Entrou para a história a imagem de Zagallo, já um senhor, cabelos grisalhos ao vento, incentivando os jogadores um a um, pedindo que acreditassem. O Brasil passou pelos holandeses e antes da decisão contra a França viveu um drama. No dia da final, ainda na concentração, Ronaldinho, a grande estrela do Mundial, sofreu uma convulsão até hoje sem explicação convincente. Sob o olhar apavorado de seus companheiros, foi levado a uma clínica e não seguiu para o estádio.

O atacante Edmundo foi escalado. Mas Ronaldo apareceu no vestiário dizendo que estava pronto para jogar. O médico Lídio Toledo deu seu aval e Zagallo mandou o craque a campo. Evidentemente abalado, o Brasil foi presa fácil para o excelente time francês, que marcou 3 a 0, comandado pelo craque Zidane.

– Eu teria feito tudo de novo – responde Zagallo, quando perguntado sobre a convulsão de Ronaldinho.

Até hoje circulam pela internet teorias absurdas sobre a final de 1998. Muitas reportagens foram publicadas alegando saber o motivo da convulsão de Ronaldo. Nenhuma foi absolutamente conclusiva e algumas foram peças de ficção barata.

Entre 1999 e 2000, Zagallo viveu uma experiência nova em sua carreira, dirigindo a Portuguesa de Desportos, em São Paulo. Mesmo sem conquistar títulos, deu à Portuguesa uma projeção que o clube há

Foto: Que Fim Levou/Terceirotempo.com.br

O comando da Seleção Brasileira na Copa de 1994: Américo Faria, Zagallo, Carlos Alberto Parreira, Moraci Sant'Anna e Lídio Toledo.

tempos não tinha. Foi homenageado pelas cidades do interior por onde passou durante o Campeonato Paulista. Em 2001, retornou ao Flamengo para sua última conquista como técnico de futebol. Ele treinou o clube no ano em que conquistou o tricampeonato (1999/2000/2001) e também ficou marcado pelo sensacional gol do sérvio Petkovic, cobrando falta, no último lance do jogo final contra o Vasco.

Com a saúde debilitada, Zagallo foi se afastando do dia a dia do futebol. Passou por cirurgias complexas em 2006 e até foi levado à Copa do Mundo pela CBF, mais como uma homenagem ou um amuleto. Sua saúde precária assustou o mundo, assim como o futebol da seleção. Em 2007, Zagallo reconheceu, em entrevista à agência espanhola de notícias EFE, que estava aposentado como profissional do futebol.

Grandes treinadores como Wanderley Luxemburgo e Carlos Alberto Parreira consideram Zagallo um mestre, o melhor técnico de futebol com quem trabalharam. Sem exagero, pode-se afirmar que Zagallo impôs sua marca na história do futebol como um jogador que pensava como técnico e, posteriormente, um treinador com espírito de jogador.

ENTREVISTA:
WANDERLEY LUXEMBURGO

"Respeito o Telê Santana, mas o meu grande ídolo é o Zagallo."

Wanderley Luxemburgo da Silva está, indiscutivelmente, entre os grandes técnicos de futebol do Brasil, em qualquer lista, de qualquer época. Seu nome invariavelmente é citado por jogadores e por outros treinadores como referência. Mas quem seria a referência para Wanderley Luxemburgo? Em quem ele teria se inspirado para forjar uma das mais vitoriosas carreiras do futebol brasileiro? Telê Santana, com quem rivalizou nos anos 1990? Luiz Felipe Scolari, com quem duelou no final da mesma década? Antônio Lopes, de quem foi auxiliar no início da carreira?

O ídolo de Wanderley Luxemburgo chama-se Mário Jorge Lobo Zagallo. Ou o Zé Galo, como Luxemburgo se refere a ele em tom de brincadeira. Nesta entrevista o vitorioso treinador que somava cinco títulos brasileiros até 2008, entre outras conquistas, já dirigiu a seleção brasileira e o Real Madrid, mostra um lado tiete pouco conhecido.

Também enumera as revoluções que ele entende terem sido produzidas por Zagallo em sua também vitoriosa carreira. Luxemburgo explica por que, dentro de sua maneira de ver o jogo, a seleção brasileira de 1970, comandada por Zagallo, deixou muito mais para o futebol do que a Laranja Mecânica da Holanda de 1974.

São observações como essas, que partem de um dos técnicos mais vitoriosos da história moderna do futebol brasileiro, que ajudam a entender o fenômeno Zagallo.

Quando você conheceu o trabalho de Zagallo como técnico de futebol?
Conheci o Zagallo em 1968, no Botafogo. Eu jogava no juvenil do Botafogo e ele era técnico do time principal, que foi campeão carioca em 1967/1968. Fui para o Flamengo em 1970, para os

juniores, e o Zagallo foi em seguida. Foi em 1972 que comecei a conhecer o Zagallo de uma maneira mais próxima, pessoalmente. No Botafogo, eu era moleque.

Em 1972 ele já era um técnico campeão mundial, um profissional consagrado. Que impacto teve em sua formação como treinador ter trabalhado, ainda como atleta jovem, perto de um treinador como o Zagallo?
Zagallo, para mim, foi o grande técnico do futebol mundial. Falam do Rinus Michels [holandês que fez fama na Europa dirigindo o Ajax de Amsterdã e, posteriormente, a seleção da Holanda] em 1974. Surgiu um elenco sensacional, uma movimentação muito boa, mas foi só aquilo. O Zagallo tem diversos trabalhos muito bons. A Laranja Mecânica foi uma só. O Zagallo, se você pegar a Copa de 1970, ele jogava com Carlos Alberto, Britto, Piazza e Everaldo. Liberava o Carlos Alberto para atacar, e o Everaldo era como um terceiro zagueiro. Havia dois volantes que nunca tinham marcado ninguém na vida, Gérson e Clodoaldo. Dois meias, Pelé e Rivellino, e na frente Tostão e Jairzinho. Todas as equipes do Brasil repetem hoje o que o Zagallo fez em 1970 e ninguém repete a Laranja Mecânica. O que ele viu naquele mundial se aplica hoje ao futebol. Eu gosto de jogar com dois volantes, como ele jogou na Copa. Volantes técnicos e com dinamismo de jogo. Também com dois meias. Centroavante, que se questiona até hoje, o Zagallo jogou em 1970 sem um centroavante fixo. Como se precisasse ter um poste ali na frente. Os grandes artilheiros do futebol mundial nunca foram centroavantes. Maradona, Zico, Pelé, Rivellino, Cruyff, Platini. Ele teve essa visão que permanece até hoje. Então, para mim, o Zagallo está na frente, disparado.

Você foi atleta do Zagallo, foi treinado por ele, certamente tem exemplos do conhecimento dele sobre futebol na prática, no dia a dia.
Tive exemplos como atleta dele. Teve um jogo Flamengo e Fluminense, o Zagallo treinava o Flamengo, e o Paulo Amaral [preparador físico da seleção brasileira na Copa de 1958 e, posteriormente, treinador de sucesso, faleceu em 2008] treinava o Fluminense. O Zagallo disse: "o Paulo Amaral vai marcar assim,

Luxemburgo em entrevista como técnico do Palmeiras, em 2008.

vai mandar grudar em fulano, só não vai colocar ninguém em cima do Liminha". O Liminha só fazia marcar no time do Flamengo. Ele armou uma estratégia para começar todas as jogadas de ataque do Flamengo a partir do Liminha. Começou o jogo, a marcação do Fluminense era idêntica ao que ele falou que seria. O Liminha estava livre para jogar e fez 1 a 0. O Zagallo determinou que isso aconteceria. Ele falava vai acontecer isso, assim, assado, e não tinha como ser diferente no jogo: acontecia mesmo.

Essa capacidade de fazer a leitura do jogo de futebol do Zagallo também veio do fato de ele ter sido um jogador muito tático e inteligente?
Tem que ter interpretação tática e inteligência de jogo. O Zagallo tinha essa inteligência como jogador, era um ponta que recuava para compor o meio-campo. O Alex, que jogou comigo no Palmeiras e no Cruzeiro, é o jogador que mais entende tática de futebol atualmente. Como o Zinho, o Rincón. Eles conseguem ler o jogo. O Zagallo era isso como atleta. Ele sabia jogar muito bem e tinha a noção tática.

De volta ao Zagallo treinador, você citou a seleção de 1970. Foi o grande time dirigido por ele?
Em 1970 todos os times jogavam com um líbero. Só o Beckenbauer [Franz Beckenbauer, grande craque do futebol alemão, campeão do mundo como atleta em 1974 e como treinador em 1990], o Gerson e o Clodoaldo tornaram-se jogadores de marcação que passavam para a frente do campo. Em 1970, o Zagallo mostrou para o mundo que a função do técnico de futebol é a de convocar 22 jogadores e montar a equipe que for melhor para os 22, não a que uma pessoa acha a melhor. A seleção brasileira é sempre discutida porque é a essência do futebol. Só que ele não se envolveu com isso. Ele não poderia deixar o Tostão de fora, e também tinha que botar Pelé e Rivellino no time. A inteligência dele foi buscar uma maneira de ter Tostão, Pelé e Rivellino. Todos ficaram sossegados e os três jogaram. Ele pegou o Everaldo, que era um lateral que não apoiava. Botou um quarto-zagueiro técnico, o Piazza, e o Brito, que é zagueiro-zagueiro.

Conseguiu vaga no time pro Gérson, pro Clodoaldo, pro Piazza. Isso é sabedoria, inteligência.

Mas na Copa de 1974 Zagallo foi duramente criticado...
Em 74 ele também montou uma boa equipe. Mas tem a história de que o futebol não permite perder uma Copa do Mundo. Depois de 1974 o Zagallo esteve no Vasco e não teve mais chance em lugar nenhum. No Brasil é bestial ou besta. Na Copa ou você se consagra ou se arrebenta. O Zagallo ficou muito tempo longe da seleção. Só foi convidado para trabalhar com o Parreira em 1994. O Zagallo respira futebol, como o Telê Santana respirava. O Parreira pegou um prático consagrado para ser o conselheiro dele. Em 1998, Zagallo foi vice-campeão do mundo. Se não fosse aquele rolo do Ronaldo [o episódio da convulsão], seria o campeão. Pode ter certeza que qualquer técnico do mundo escalaria o Ronaldo naquela final contra a França. Aparece o Fenômeno no vestiário, você vai fazer o quê? Qualquer um escalaria. Futebol no Brasil não tem história. O Zagallo poderia ter sido muito mais enaltecido no Brasil pelas qualidades e não criticado pela perda da Copa de 1974.

A prova de que isso mudou não é o próprio Zagallo, sua volta à seleção e o respeito com que ele é tratado hoje?
Com o Zagallo mudou. Hoje ele é o símbolo da camisa amarela, graças a Deus. Ele passa uma energia, ele vibra, arrepia. O dia que eu parar de sentir isso, vou embora. Tem que passar a vibração. Aquela imagem da Copa de 1998, ele vibrando antes das cobranças de pênaltis na semifinal contra a Holanda, é fantástica. O jogador pensa isso: "pô, se esse velhinho acredita, porque não vou acreditar?" Ele não sabe fazer outra coisa que não seja futebol.

Os jogadores que trabalharam com ele também têm essa percepção de quem é o Zagallo para o futebol?
Quando o jogador fala que o cara é bom técnico, esquece, não tem mais dúvida. Um vira para o outro e fala: "esse aí conhece, vai na do cara que não tem jeito". O jogador respeita o Zagallo.

Você considera o Zagallo uma referência, mas houve um certo problema entre vocês. O que aconteceu?
Uma época ele ficou meio arranhado comigo. Eu disse que seria técnico da seleção brasileira um dia, ele achou que eu estava querendo o lugar dele, mas não era nada disso. Depois nós conversamos, ele é meu grande ídolo. Respeito o Telê, mas meu grande ídolo é o Zagallo. Meu local de trabalho no instituto [Luxemburgo montou um instituto que leva seu nome, uma espécie de universidade do futebol] vai se chamar Mário Jorge Lobo Zagallo. A sala onde eu darei as aulas. Liguei pra ele e pedi autorização.

Há traços de Zagallo em Wanderley Luxemburgo?
Vejo muita coisa. A minha percepção tática tem muito a ver com o Zagallo. Perceber rápido e conseguir passar isso para os jogadores. Ele falava chega pra cá, vai ali, dois metros pra cá, dois pra lá. Ele passava isso com muita facilidade. Lembro de uma história que exemplifica isso. Num treinamento do Flamengo, eu era lateral-esquerdo, apoiava bastante. O zagueiro ia correndo para trás, rebateu a bola, eu chutei de primeira. Ele disse: "Wanderley, você está errado." Eu retruquei, "mas por que, se eu peguei bem na bola?" O Zagallo respondeu: "zagueiro correndo para trás não sabe o que está fazendo. Se você só escora a bola, você domina, ela cai na sua frente e você faz o gol mais tranquilo." Pode ser um detalhe que não parece nada, mas na verdade é tudo. Se eu domino a bola, ela cai na minha frente e estou sozinho para bater. Hoje eu passo para os meus jogadores esse tipo de detalhe, um pouco do muito que aprendi com o Zagallo.

Você acha que, mesmo com problemas de saúde, o Zagallo ainda pode contribuir com o futebol?
Ninguém deixa de ser um baita técnico. É sacanagem o que fazem com os técnicos quando envelhecem. Na minha profissão e na do Zagallo, deixamos de ser com o passar do tempo. É injusto. No Brasil, a cultura do técnico é assim. O Rubens Minelli parou muito cedo, acabaram com ele, que é um tremendo técnico. O Pepe também, baita técnico, cadê ele? O Alex Fergusson

está no Manchester há quase 30 anos. Todo mundo fica melhor com o tempo, e nós, não? O Zagallo continua um grande conhecedor de futebol. Eu estou me preparando para não ser um grande técnico acabado. Isso é meio covarde, como tudo na vida, a questão da idade.

Qual é o grande legado do Zagallo para o futebol?
Zagallo é referência, em nível internacional, de seleção brasileira. Traçou os objetivos dele para chegar ao ápice, como jogador e como técnico. Ele é referência brasileira como atleta e técnico de futebol.

Foto: Que Fim Levou/Terceirotempo.com.br

1

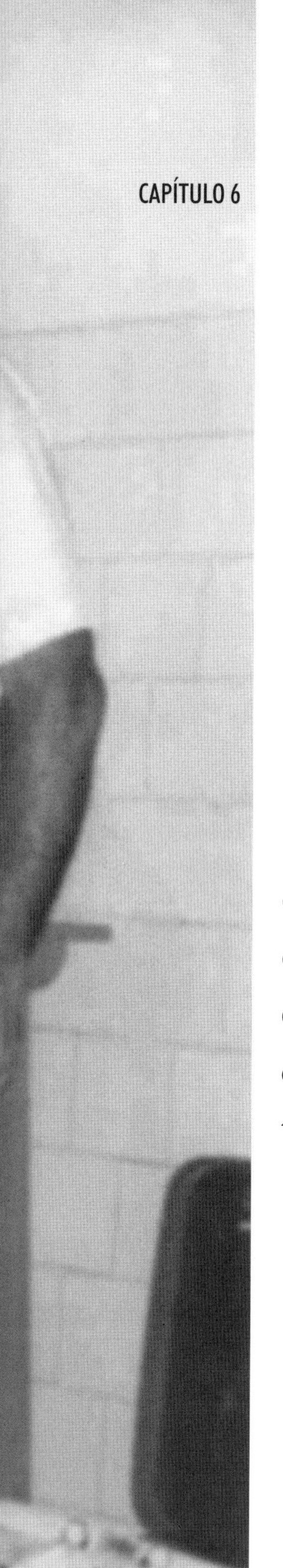

CAPÍTULO 6

RUBENS MINELLI

Economista de formação,
destacou-se pelo profundo
conhecimento tático
e a organização das equipes que
dirigiu. É o primeiro técnico
tricampeão brasileiro de fato.

Há muitos bons treinadores e estrategistas em qualquer modalidade de esporte coletivo. Poucos são aqueles que conseguem antecipar tendências, detectar antes da maioria que uma grande mudança está para ocorrer. O grupo fica ainda mais restrito quando se fala de treinadores que percebem, e conseguem implantar essas mudanças. No caso do futebol brasileiro, o paulistano Rubens Francisco Minelli é uma dessas exceções. Minelli foi um dos primeiros treinadores brasileiros a perceber que a parte física, cada vez mais daria as cartas no futebol. Até hoje é injustamente criticado por isso. Mas sua carreira provou que ele estava certo. Ele é o primeiro treinador a ser, de fato, tricampeão brasileiro de futebol, vencendo a competição em 1975 e 1976, pelo Sport Club Internacional, e em 1977, pelo São Paulo Futebol Clube.

Economia e futebol

Nascido em 19 de dezembro de 1928 e criado na capital paulista, Minelli começou a carreira de jogador de futebol em dois dos clubes mais tradicionais da cidade: o Clube Atlético Ypiranga e o Nacional Atlético Clube. As duas agremiações já revelaram muitos jogadores, mas, atualmente, apenas o Nacional mantém um departamento de futebol profissional. Minelli era ponta-esquerda, mas não conseguiu grande destaque como atleta, embora tenha chegado a atuar pelo São Paulo e pelo Palmeiras. Sua trajetória foi prejudicada por uma grave fratura na perna. Ele, então, se formou em Ciências Econômicas e passou a ver o futebol sob outro ângulo: o do treinador. Nos anos 1960, após encerrar a carreira de atleta, Minelli começou a trabalhar como treinador nas categorias de base do Palmeiras.

Mas foi na cidade de São José do Rio Preto, rico polo agrícola, industrial e de medicina do interior paulista, que Minelli viu a carreira de treinador deslanchar. Ele foi contratado para dirigir o América de Rio Preto, em 1963. Estreia literalmente campeã. Com Minelli, o América conquistou o título paulista da Segunda Divisão e o acesso à tropa de elite do futebol no estado. O sucesso no América atraiu a atenção de dirigentes do Sport Club do Recife. Minelli aceitou o desafio de trabalhar em Pernambuco, no comando do Sport. Foi vice-campeão em 1966 e retornou ao interior paulista, com passagens por Botafogo de Ribeirão Preto e Guarani, entre outros.

As boas ligações com o Palmeiras, onde deixou ótima imagem como treinador de base, fizeram com que ele assumisse o time principal do clube no final da década de 1960. O Verdão vivia um momento de entressafra. A Academia, que naquela década era o único time a encarar o Santos de Pelé, tinha sido desfeita. Coube a Minelli iniciar o processo de formação do que se chamaria de Segunda Academia. Aos já consagrados Dudu e Ademir da Guia juntavam-se jovens promissores como um goleiro de personalidade e talento, vindo do São José, chamado Emerson Leão. Um espevitado centroavante carioca, César Lemos, mais conhecido como César Maluco. Os laterais Eurico e Zeca, que marcariam época no Palestra Itália, também já estavam no time, que tinha ainda o futuro zagueiro campeão mundial Baldochi, entre outros. Com Minelli no banco, o Palmeiras encontrava o caminho para a formação de mais um time clássico e vencedor. Em 1969, na decisão do Roberto Gomes Pedrosa, que precedeu o Brasileirão, o Palmeiras derrotou o Botafogo por 3 a 1. Poucos anos mais tarde, Minelli promoveria uma autêntica revolução de conceitos e marcaria sua passagem pelo futebol brasileiro de maneira definitiva.

De Rio Preto a Porto Alegre

Entre indas e vindas, Minelli estava de volta ao interior paulista. Mais especificamente a São José do Rio Preto, onde sempre se sentia em casa. Treinava ora o Rio Preto, conhecido como Jacaré, ora o América cujo mascote é um diabinho. Entre suas muitas conquistas, é o único treinador até hoje a ter sido campeão com os dois maiores rivais da cidade.

– Eu não queria deixar São José do Rio Preto, mas um dia eu cheguei em casa e lá estava um carro com o Asmuz (José Asmuz), que era o presidente do Inter. Eu pedi alto e eles aceitaram pagar. Acertei com o Internacional e fui muito feliz – recorda Minelli.

Na chegada ao clube gaúcho, no final de 1973, ele aproveitou a base deixada por Dino Sani, que, inclusive, tinha promovido à equipe principal um jovem volante chamado Paulo Roberto Falcão.

– Eu tinha acabado de ver o time do Inter jogar. Gostei muito e comentei que aquela equipe daria trabalho – acrescentou Minelli.

E como deu. Aos adversários. Para aprimorar a base, Minelli recebeu duas contratações de peso. O experiente goleiro Manga, que estava jogando no Nacional do Uruguai, e o ponta Lula, que estava no Fluminense.

Minelli já tinha percebido que a preparação física era fundamental no futebol e que, se tivesse jogadores que fossem talentosos e também fortes, encontraria um diferencial. Dizia-se à época que ele só aceitava trabalhar com jogadores de 1,75 m para cima. O que, em se tratando de Brasil, bastou para que fosse associada, de maneira equivocada, à ideia de futebol-força, defensivo. Nada mais mentiroso. Minelli foi um treinador de vocação ofensiva, mas aliada à responsabilidade e à competitividade.

"Verdadeiramente, as ideias de Minelli alcançaram pleno êxito no Internacional. Ele antecipou conceitos mais tarde consagrados no futebol. Uma das ideias era a marcação já no campo do adversário", escreve o jornalista e torcedor colorado Kenny Braga, em seu livro *Inter, orgulho do Brasil*

Os resultados eram incontestáveis. O Inter foi campeão gaúcho em 1974, alcançando a sexta conquista seguida, com números impressionantes. Foram 18 vitórias em 18 jogos, com 43 gols marcados e apenas dois sofridos. Isso mesmo que você leu, apenas dois gols sofridos!

O Brasil estava prestes a ser dominado pela avalanche colorada. Em entrevista concedida em 1974, Minelli resumia seu estilo de trabalho ao jornal *Zero Hora*, de Porto Alegre:

– Todos precisam defender e atacar, independente da posição. Pela primeira vez usamos um esquema com dois volantes, fizemos linha de impedimento, coisas tipicamente europeias.

A preferência por atletas fortes e altos foi explicada dessa maneira:

– Usávamos a força dos jogadores para marcar por pressão, sufocávamos o adversário no próprio campo dele. Se o adversário resolvia marcar com dez homens, nós colocávamos dez homens no campo do adversário.

Revolução Farroupilha no futebol

A conquista invicta do Campeonato Gaúcho de 1974 foi apenas o começo. Em 1975, o Brasil foi apresentado ao Inter de Figueroa, Falcão, Caçapava, Carpegiani e do treinador Minelli. Pela primeira vez, desde a instituição do Campeonato Nacional de futebol, um time gaúcho chegava à conquista. Minelli deu acabamento a um projeto que o Inter começara em 1969, promovendo alguns destaques do time juvenil para a equipe de cima. Entre eles estavam os meias Escurinho, Paulo César Carpegiani e Cláudio Duarte, que se consagrou como lateral-direito no time principal, mas também jogava no meio-campo do time juvenil. Falcão foi pinçado por Dino Sani, em 1973. Todos eram muito bons jogadores. Carpegiani era mais que bom jogador, e Falcão era genial, mesmo ainda garoto.

Um último elemento foi adicionado ao time, como quase sempre acontece, meio que por obra do destino. Vítor Hugo era o volante que fecharia o elenco, o mesmo Vítor Hugo que faria sucesso jogando pelo Grêmio. Mas ele foi atropelado perto do Beira-Rio, dias antes de o Inter embarcar para uma excursão à Europa. Não havia ninguém para a vaga do acidentado. No Sul a versão dada como oficial conta que o goleiro reserva do Inter, Schneider, fez a indicação a Minelli: "Chefe, leva aquele negão ali. Ele estourou a idade do juvenil, mas joga em qualquer posição."

O negão era Caçapava [Luís Carlos Mello Lopes, que também jogou por Corinthians, Palmeiras e Fortaleza, entre outros], que viajou à Europa e voltou titular absoluto do time: fez 14 jogos, venceu 13 e empatou um. Com a adição de Caçapava à fórmula, estava feito o esboço do Inter que faria uma "revolução farroupilha" no futebol brasileiro.

– Como nós optávamos por fazer aquela marcação por pressão, o time precisava estar compacto, com os jogadores próximos. No esquema com dois volantes, o Caçapava ficava mais fixo à frente dos zagueiros. O Falcão ficava mais solto. Quando nosso time era atacado, Caçapava e Falcão ficavam em linha, como a base de um triângulo, e o Carpegiani voltava para marcar na frente deles. Quando a gente atacava, o Falcão avançava e a base do triângulo passava a ser ele e o Carpegiani, com o Caçapava atrás – explicou Minelli, também em entrevista ao jornal *Zero Hora*.

Qualquer semelhança com o que fazem atualmente muitos dos treinadores brasileiros, não é mera coincidência. Minelli pensou antes, vislumbrou e executou um sistema de jogo revolucionário para a época no Brasil.

A "máquina" quebrou

O Campeonato Brasileiro de 1975 teve uma daquelas fórmulas malucas, típicas da década de 1970, que atendiam a muitos interesses políticos da ditadura militar. Foram quatro fases, incluindo uma repescagem e a etapa final. Vitórias por mais de dois gols de diferença contavam três pontos na classificação. O Inter enfrentou o Fluminense nas semifinais. Rivellino tinha deixado o Corinthians e estava em grande fase no Rio. O Flu, dirigido pelo ex-craque Didi, era conhecido como a máquina". Além de Rivellino, brilhavam nas Laranjeiras o goleiro Félix, tricampeão do mundo, o zagueiro Edinho, o lateral Toninho, o meia Manfrini e o genial Paulo César Caju.

Havia confiança de sobra no Fluminense. Em declarações aos jornais cariocas, Didi se mostrava mais preocupado com o adversário da final, que sairia do confronto entre Cruzeiro e Santa Cruz. Esperto,

Minelli, que comandava com maestria um elenco de atletas de personalidade forte, guardou um exemplar do *Jornal dos Sports* e fez circular pela concentração as páginas rosadas do tradicional periódico carioca. Destacou as declarações de Didi. Cobrou dos jogadores uma resposta dentro de campo. Eles responderam firme. Caçapava anulou Rivellino, e o Inter venceu por 2 a 0, com direito a um golaço de Carpegiani, após uma meia-lua em Toninho.

A final, marcada para o Beira-Rio, em Porto Alegre, seria contra o Cruzeiro, também um ótimo time, onde brilhavam o goleiro Raul, o lateral-direito Nelinho e seu chute poderoso, o campeão mundial Piazza no meio-campo, além do endiabrado ponta-esquerda Joãozinho.

Mas para chegar até aquela decisão Minelli precisou colocar em prática tudo que aprendera no futebol. O time do Inter era ótimo dentro de campo, mas complicado fora. Havia personalidades complexas a administrar. O goleiro Manga, por exemplo, já veterano, tirava o sono de Minelli. Sempre falando um portunhol incompreensível, viciado em um joguinho de baralho, Manga irritou o técnico várias vezes. Costumava pedir vales a Valdomiro, um dos líderes do time, para poder jogar em cassinos de Montevidéu, onde atuara pelo Nacional. Outro que resolvia em campo e complicava fora era o ponta Lula. Minelli chegou a pedir demissão mais de uma vez por causa de Lula. Quem ajudou-o na inglória tarefa de domar as feras foi o vice-presidente de futebol do Inter à época, Frederico Ballvé. Era ele quem apagava os incêndios, controlava Minelli e enquadrava os jogadores. Também convencia Minelli a aceitar contratações que pareciam absurdas, como o retorno do já veterano atacante Flávio Minuano, que estava em Portugal. Flávio fez 16 gols em 1975.

Uma história ilustra bem o que era o Inter daqueles tempos ainda românticos do futebol. Numa daquelas brincadeiras de vestiário, Paulo César Carpegiani atirou um balde de água fria por sobre a porta de um dos banheiros, percebendo que havia alguém lá dentro. Esse alguém era o técnico Minelli, que saiu ensopado, prometendo demitir o responsável. Carpegiani se apresentou imediatamente, disse que tinha sido ele e pediu desculpas, porque pensava que fosse outro companheiro o ocupante do banheiro. Desculpas aceitas, o Inter seguiu em frente, mesmo com Minelli ensopado.

A decisão do Brasileiro de 1975 foi um grande jogo, dramático, tenso, com muitos craques em campo. O gol do Inter foi marcado pelo chileno Elias Figueroa, de cabeça, aos 11 minutos do segundo tempo. A campanha era irretocável, com apenas três derrotas em todo o campeonato e somente 12 gols sofridos em 58 jogos.

A festa colorada se repetiria no ano seguinte. O clube conquistou o octacampeonato gaúcho e consolidou o domínio em âmbito nacional. Os números provam que o Inter de Minelli era absoluto. Em 1975, eram 42 times no Brasileirão. Número que o governo militar mandou subir para 54 em 1976, com base no slogan "*Onde a Arena vai mal, um time no Nacional*" [naqueles tempos bicudos havia apenas dois partidos no país, numa mal disfarçada tentativa de amenizar o regime. Aliança Renovadora Nacional (Arena) pela situação e Movimento Democrático Brasileiro (MDB) pela oposição]. O Inter fez quatro jogos a menos que no ano anterior. Sofreu o mesmo número de derrotas, três, e levou apenas um gol a mais. A base fora mantida e ganhou dois reforços importantes. Chegaram o zagueiro Marinho Peres, titular da seleção na Copa de 1974, que estava no Barcelona, e Dadá Maravilha, que jogava no Sport Recife, contratado para ocupar a vaga do veterano Flávio.

A presença do Inter na decisão era dada como certa desde o início. Apesar do confronto difícil na semifinal, contra o Atlético Mineiro. Jogo equilibrado, tenso, que caminhava para uma prorrogação com o empate por 1 a 1. Até que Falcão fez um gol antológico, numa tabelinha de cabeça com Escurinho, classificando o Inter para a decisão.

O adversário na final era o Corinthians. O time vinha de uma semifinal histórica, eliminando o Fluminense nos pênaltis, no jogo em que sua torcida protagonizou a invasão do Maracanã, dividindo o estádio com os tricolores. Tecnicamente, o Inter era melhor. Mas havia batalhas políticas a vencer. A primeira delas era definir o local da decisão, em partida única. O presidente corintiano Vicente Matheus tentou levar o jogo para São Paulo, mas o Inter foi mais forte nos bastidores e justificou a melhor campanha levando a partida para o Beira-Rio, em Porto Alegre.

Minelli sabia que o adversário era limitado, mas raçudo. Tanto que venceu o Inter na fase de classificação. Sua tática foi aprimorar ainda

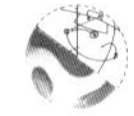

mais a marcação forte na saída de bola do adversário, para forçar o erro e, se possível, marcar um gol no início do jogo.

Aos 29 do primeiro tempo, Dadá Maravilha fez 1 a 0 para o Inter. Aos 12 do segundo, Valdomiro cobrou uma falta, a bola explodiu no travessão e quicou dentro do gol, que foi confirmado pelo juiz José Roberto Wright. Houve reclamação dos corintianos, mas as imagens de TV confirmaram o gol que fazia do Inter o bicampeão brasileiro.

Tricampeão. De fato

Minelli estava consagrado e seu nome passava a ser cogitado para a seleção brasileira, que era treinada por Oswaldo Brandão. Óbvio que o Inter tinha um grande time, mas se alguém creditava apenas aos jogadores a conquista do bicampeonato nacional, mudou de ideia em 1977. Minelli deixou o Inter e foi contratado pelo São Paulo. O Tricolor paulista não era uma equipe brilhante, mas também estava longe de ser um time fraco. Tinha Valdir Peres no gol, o ponta-esquerda Zé Sérgio, o volante Chicão, o uruguaio Darío Pereyra, que ainda atuava no meio-campo e não tinha se transferido para a zaga. Também contava com o centroavante Serginho Chulapa. Muricy Ramalho, que mais tarde seria treinador do São Paulo, estava naquele time, mas perdeu a vaga na equipe titular para Neca.

– Eu aprendi muito com o Minelli. Ele era um técnico inteligente. Não concordava muito com ele na época, porque me tirou do time para colocar o Neca. Mas entendo que ele era um excelente técnico – disse Muricy Ramalho, em entrevista à *Rádio Bandeirantes*, quando retornou ao São Paulo como técnico, em 2006

A contratação de Neca [Antônio Rodrigues Filho, ex-meio-campo gaúcho que jogou no São Paulo, Grêmio, Cruzeiro, Corinthians. Chegou a ser convocado para a seleção brasileira pelo técnico Oswaldo Brandão, em 1976] pelo São Paulo foi uma batalha pessoal de Minelli. O clube não queria o jogador, a direção tricolor argumentava que ele tinha péssimos antecedentes. Minelli, que sempre foi muito respeitado pelos dirigentes dos clubes em que trabalhou, colocou em prática suas técnicas de persuasão. Chamou Neca para uma reunião com o presidente do São Paulo à época, Henri Aidar.

– Você tem fama de mercenário, mau-caráter, líder negativo e covarde. O que você diz disso tudo? – perguntou Minelli, para Neca e o dirigente ouvirem.

– Presidente, por que o senhor não me contrata por empréstimo para me conhecer melhor? – respondeu Neca.

Ele foi contratado e entrou no time titular, na vaga de Muricy. Há quem afirme que Minelli tinha todo o discurso combinado com Neca para conseguir sua contratação e vencer a resistência dos diretores são-paulinos.

Os holofotes estavam todos voltados para o Atlético Mineiro naquela temporada. Não sem motivos. O treinador Barbatana montara um time altamente técnico, com grandes jogadores. O meio-campo se destacava com Toninho Cerezo, Ângelo e Marcelo. No ataque brilhava Reinaldo, artilheiro da competição com 28 gols em 18 jogos.

O Galo mineiro chegou até a final respirando favoritismo. O São Paulo era visto como um patinho feio do campeonato. Minelli optara por ainda mais marcação e pegada no meio-campo, radicalizando a tese de jogadores altos e fortes. Chicão e Teodoro eram os volantes, com Darío Pereyra na meia, esbanjando a raça uruguaia. A zaga tinha Bezerra e Antenor. O artilheiro do time na competição, Serginho Chulapa, era o grande nome do time no ataque. Mas Serginho, cuja carreira foi marcada por inúmeras confusões, arrumou uma das boas em 12 de fevereiro de 1978 [o Brasileiro de 1977 só foi decidido em março de 1978, numa das muitas pérolas do calendário brasileiro dos anos 1970]. Após ter um gol anulado na partida contra o Botafogo, em Ribeirão Preto, Serginho agrediu o bandeirinha Vandevaldo Rangel com uma canelada. Pelo ato ele foi suspenso por 14 meses e não jogou a segunda partida das semifinais e nem a final do Campeonato Brasileiro.

Reinaldo também não participou do jogo final. Ele tinha sido suspenso em virtude de uma expulsão no jogo contra o Fast Clube, em Manaus.

Em 5 de março de 1978, o Mineirão lotou para a final entre Atlético e São Paulo. Jogo disputado sob chuva, gramado encharcado, ideal para o time alto e forte do São Paulo. Minelli, além de preparar o time, era profundo conhecedor de todos os truques do futebol. Determinou que Serginho, mesmo suspenso, deveria viajar a Belo Horizonte, se concentrar com os jogadores e circular pelo hotel, dando pinta de que iria para o jogo. Esse fato provocou uma grande confusão em Belo Horizonte e agitou o clima da decisão. Pipocaram versões de que a CBD tinha liberado Serginho e Reinaldo para jogar. Claro que ele não jogou, mas Minelli conseguiu o que queria, tirar o foco da decisão do favoritismo do Atlético.

A segunda parte da estratégia de Minelli é relembrada pelo volante Chicão, figura polêmica daquela decisão.

– O time do Atlético era mais técnico, mas o professor Minelli armou um meio de campo muito pegador. Conseguimos neutralizar todas as jogadas deles.

Chicão ficou marcado negativamente por um momento dramático daquela partida. Após sofrer uma falta de Neca, Ângelo ficou estirado no chão e levou um pisão de Chicão no joelho. Excessos à parte – e Chicão os cometia –, o São Paulo disputou uma final impecável, como atesta a reportagem assinada por José Maria de Aquino para a revista *Placar* sobre aquela decisão: "[...] tudo apontava o Atlético como feliz e tranquilo vencedor. O São Paulo preparou-se com cuidado, armou-se para provar que qualquer guerra só pode ser anunciada como ganha depois de vencida a última batalha." Mais adiante: "[...] Todos os elogios devem ser dirigidos ao técnico Minelli, mais uma vez muito feliz na escolha do esquema de jogo a ser colocado em prática".

Apenas a seleção não percebia o óbvio

Parecia claro que Minelli deveria ser o técnico da seleção brasileira. Mas o time nacional já vinha sendo comandado há dois anos por Oswaldo Brandão. Quando Brandão caiu, em 1977, durante as Eliminatórias, novamente parecia o mais correto que fosse dada a Minelli uma chance. Mas o cargo foi assumido por Cláudio Coutinho, então no Flamengo.

Minelli recebeu convites para trabalhar na Arábia Saudita e aceitou, em busca da realização financeira e, também, para não ficar remoendo a tristeza evidente por não ter seu trabalho reconhecido em seu próprio país.

Nos anos 1970, Minelli eternizou seu nome junto ao Internacional. Na década seguinte, trabalhando pelo Grêmio, conseguiu a proeza de ser campeão pelo rival. Conquistou o título gaúcho de 1985, domando o espírito quase selvagem de Renato Gaúcho. O Grêmio venceu a final contra o Inter por 2 a 1, com o gol da vitória sendo marcado por Caio Júnior, atualmente treinador de futebol.

Outra participação histórica de Rubens Minelli no futebol brasileiro está relacionada ao Paraná Clube. Ele foi o primeiro técnico contratado pelo clube, nascido da fusão de Pinheiros e Colorado, em 1990.

– Foi um momento ao mesmo tempo difícil e gratificante, pois sabíamos do potencial do clube e tratamos de dar o melhor para equacionar o problema de seu elenco. Recebemos cerca de 50 jogadores, vindos do Colorado e do Pinheiros, mesclados entre atletas mais experientes e garotos revelados nas categorias de base – recordou Minelli.

Na primeira passagem pelo clube, Minelli não foi campeão, mas comemorou títulos paranaenses em 1993, 1994 e 1997.

Aos poucos, ele foi deixando de lado o trabalho de campo, no dia a dia, para assumir outras funções no futebol, como gerente ou supervisor. Graças ao grande respeito que acumulou pelo conhecimento e, também, pela educação, sempre foi bem recebido e suas ideias foram acatadas nos clubes que ajudou a dirigir e estruturar. Lembremos que Minelli é economista de formação e começou sua carreira como técnico de categorias de base. Essas duas experiências foram fundamentais para que apresentasse e administrasse projetos. Infelizmente, o futebol brasileiro ainda não sabe, em linhas gerais, trabalhar com planejamentos a longo prazo, o que sempre foi uma premissa do trabalho de Minelli.

A última experiência nesse sentido foi realizada com o Avaí, de Florianópolis, Santa Catarina. Minelli foi chamado para conduzir um

processo de modernização do clube de coração do tenista Gustavo Kuerten em 2003. Ao perceber que o Avaí não conseguiria levantar o dinheiro necessário para a construção de um Centro de Treinamentos nos moldes que ele sugeria, Minelli pediu demissão. Sem traumas ou mágoas, com muito respeito e educação.

Nos últimos tempos, Minelli tem sido visto e ouvido falando sobre futebol em programas de rádio e de TV. Embora sua contribuição para o futebol brasileiro tenha sido fundamental, ele, infelizmente, tem sido pouco lembrado para trabalhar diretamente com o esporte, seja como treinador ou administrador. Azar do futebol brasileiro.

Minelli quando atuava na ponta esquerda do Ypiranga, em 1949.

Foto: Que Fim Levou/Terceirotempo.com.br

ENTREVISTA:

MURICY RAMALHO

"Considero o Minelli o melhor técnico que vi na parte tática."

Poucas vezes na história do futebol brasileiro um treinador passou de promessa a referência em tão pouco tempo. Muricy Ramalho era apenas mais um no universo de técnicos de futebol que tentavam a sorte no Brasil quando o século XX acenava os lenços em despedida. Antes de o século XXI completar a primeira década ele já se estabelecera como um dos principais nomes da função no país e passava a ser cogitado para assumir a Seleção Brasileira.

Metódico, trabalhador, ranzinza e combatente incansável em busca da perfeição, Muricy foi escolhido de 2005 a 2008 como o melhor treinador do futebol brasileiro, em votação capitaneada pela Confederação Brasileira de Futebol. Seu estilo pode ser definido com a seguinte frase: em time que está treinando bem não se mexe, porque a vitória chegará, cedo ou tarde.

A lista de conquistas de Muricy é impressionante. Para se ter uma ideia, a partir de 2001, foi bicampeão pernambucano, duas vezes campeão gaúcho, campeão paulista e tricampeão brasileiro. Mas o caminho até o sucesso como treinador não foi fácil. O começo na nova carreira aconteceu no México, dirigindo o Puebla. A primeira passagem pelo São Paulo como técnico rendeu o título da Copa Conmebol, em 1994, e algumas decepções. Foi preciso um recomeço doloroso, que incluiu até uma aventura na China, antes de o sucesso chegar como técnico de ponta do futebol brasileiro.

Sucesso é uma palavra que acompanha Muricy desde muito cedo. Ele foi uma das primeiras estrelas precoces do futebol brasileiro. Seu talento foi revelado no início dos anos 1970 no futebol dente de leite, criação de dois grandes jornalistas dedicados à cobertura esportiva: Ely Coimbra [falecido em novembro de 1998] e Roberto Petri. Muricy foi

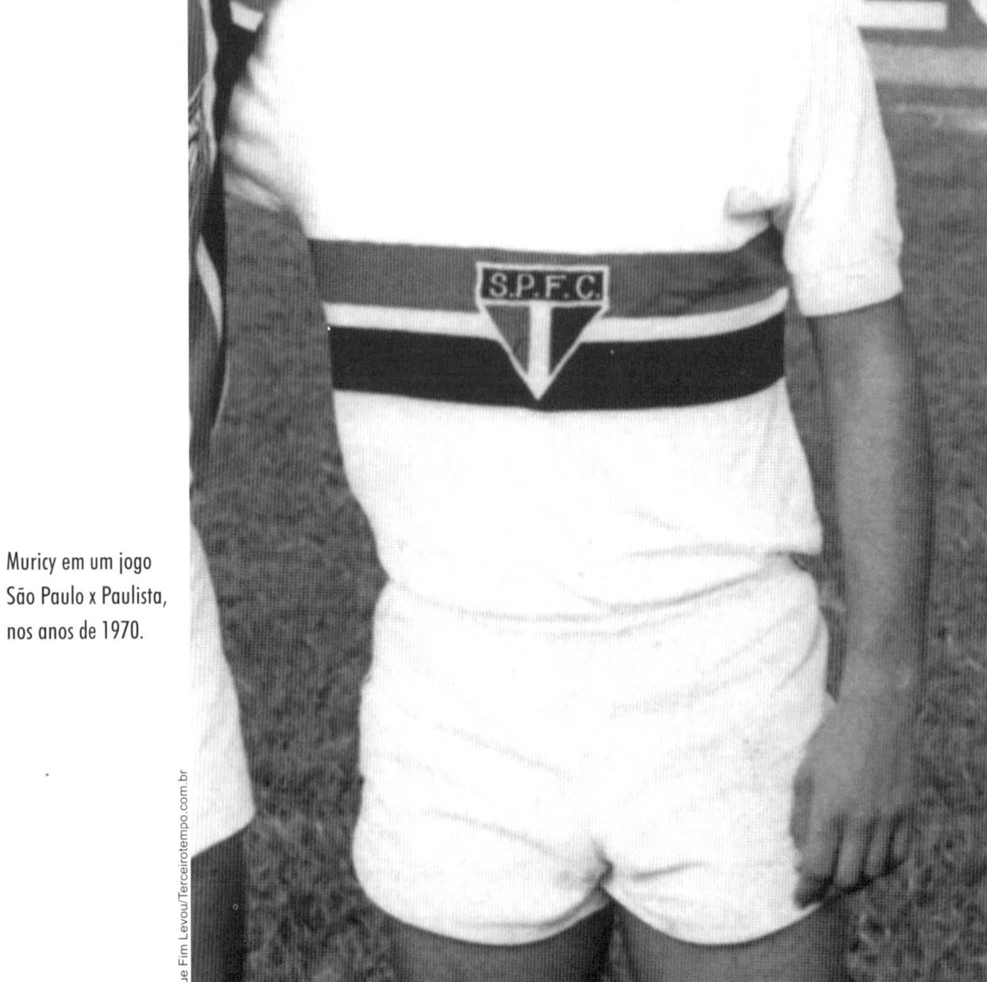

Foto: Que Fim Levou/Terceirotempo.com.br

Muricy em um jogo São Paulo x Paulista, nos anos de 1970.

o destaque desse torneio entre garotos de vários times paulistas e se transformou em celebridade infantil.

Por volta de 1975 já era ídolo da torcida do São Paulo. Rápido, habilidoso, cabelos longos, temperamento forte. Encantava pela habilidade e irritava – os treinadores – pela personalidade. O argentino José Poy, ex-goleiro e técnico do São Paulo, não suportava duas coisas em Muricy: a vasta cabeleira e o hábito de fumar. Mas aceitava de bom grado o talento do jogador. Uma contusão no joelho direito impediu que Muricy brigasse, com boas chances, por uma vaga na seleção brasileira que disputou a Copa de 1978.

Como treinador, Muricy apareceu para o cenário brasileiro com um grande trabalho no Internacional, entre 2003 e 2005, com uma interrupção coroada com o título paulista pelo São Caetano, em 2004. No São Paulo que o revelou se firmou de vez como um dos melhores treinadores da nova geração, sendo tricampeão brasileiro em 2006, 2007 e 2008 e vice-campeão da Taça Libertadores da América em 2006.

Ele próprio reconhece que muito de seu estilo de trabalho foi baseado no que aprendeu como jogador de Rubens Francisco Minelli.

Quando você conheceu o trabalho de Rubens Minelli como técnico de futebol?
Como treinador, de perto, foi no São Paulo. Já conhecia o trabalho dele no Internacional, como bicampeão brasileiro em 1975 e 1976. Depois ele veio para o São Paulo e tive a felicidade de trabalhar com ele por três anos, como jogador. Era um treinador bem diferente.

Qual a principal característica que você notou no primeiro contato com o Minelli?
O trabalho dele chamava a atenção. Naquela época, o Minelli começou a mudar a parte tática dos times que dirigia, exigindo muito do posicionamento dos jogadores no campo. Antigamente era mais na base da determinação, da palavra de força, de incentivo. Ele chegou ao São Paulo em 1976, vinha de uma cultura muito diferente de todas, que é a do sul do país, muito de futebol-força, de jogador grande. O Minelli começou a fazer o trabalho de musculação, usando aquele

aparelho antigo chamado *Gladiador*. Ele veio com essa nova ideia de futebol e começou a implantá-la no São Paulo. Fez sucesso, foi campeão.

Existia realmente essa preferência dele por trabalhar com jogadores altos e fortes?
Ele tinha esse pensamento de utilizar jogadores altos e fortes, mas depois foi mudando, conforme foi conhecendo os jogadores. O Minelli tinha essa ideia, que trouxe do sul, de que um dos meias, como era o meu caso, tinha que marcar o volante adversário. Esse jogador ele entendia que precisava ser de porte físico avantajado. Mas tudo vai mudando quando o técnico conhece os atletas. Mesmo que eu não fosse tão alto quanto o Neca, sempre que entrava eu fazia gols de cabeça. Eu era muito rápido, me posicionava bem. Ele começou a acreditar em mim nesse sentido. Por causa disso eu comecei a mudar a minha parte tática, a marcar o volante adversário sem a bola. O Minelli me ensinou bastante.

No nível de treinamento, quais foram as inovações introduzidas pelo Minelli?
Naquela época, ele começou a inovar a parte tática, a parar os treinamentos, a fazer marcação por pressão. Isso não tinha antigamente, toda essa preparação tática. Para o jogador brasileiro, o treino tático é chato, não é como o coletivo, que o nosso atleta adora. Com o Minelli era mais treinamento tático que coletivo, já era uma coisa bem diferente, ninguém fazia. Quem joga futebol começa a observar isso. Eu considero o Minelli o melhor que eu vi nesse sentido. Trabalhei com outros técnicos muito bons em outras coisas. Para mim, o Minelli foi o melhor na parte tática. O Parreira foi o melhor no que diz respeito à filosofia e teoria, e o Telê era muito disciplinador, conseguia trabalhar com grandes jogadores.

Na formação tática, no planejamento de jogo, o que foi feito pelo Minelli que era visto como novidade?
Antes se jogava quase com um triângulo, formado por um volante, dois meias e dois pontas. Ele realmente implantou os dois volantes,

porque ele foi trabalhar em um lugar onde se pensa diferente, no Sul. Talvez ele nem pensasse nisso, mas quem vai pra o Sul volta com uma coisa diferente. Ele foi para lá e achou essa maneira de jogar, o futebol ideal pra ele, dois volantes, marcação e caras fortes. Eu sei disso porque também trabalhei no Sul do país.

Embora você tenha ido para a reserva no São Paulo sob o comando do Minelli, vocês tinham um bom relacionamento, certo?
Eu entendi porque ele me tirou pra colocar o Neca. E algumas vezes eu até ajudei o Minelli nesse sentido. Nós tínhamos um jogador que era o Armando, que jogou pouco no São Paulo. O Minelli me respeitava, eu era ídolo no São Paulo, então a torcida pegava um pouco no pé dele quando eu ficava no banco. Uma vez, já técnico famoso, consagrado, ele perguntou para mim: "O quê você acha de eu colocar o Armando no seu lugar?" Foi assim, desse jeito. Eu respondi "Pô, seu Minelli, fique à vontade. O Armando é um baita jogador e, fora isso, é meu melhor amigo aqui dentro do São Paulo. Pode porque ele vai dar conta". Não deu conta, infelizmente. Teve muita pressão da arquibancada para que eu voltasse ao time.

Então, embora fosse um treinador de muito comando, Minelli também abria diálogo com os atletas?
Ele tinha isso de chegar e conversar com os jogadores. Quando a pessoa me respeita, eu colaboro o máximo. Fiquei muito tempo na reserva do Neca e nunca deixei de trabalhar, de admirar e colaborar com o Minelli. Jogador tem que saber que o técnico às vezes pensa outra coisa. O Minelli tinha paciência, conversava. É um cara muito culto, formado em Economia, sabia falar, explicar o porquê das coisas para a gente.

Inclusive, na final do Campeonato Brasileiro de 1977, quando o São Paulo derrotou o Atlético Mineiro, ele pediu a sua ajuda para uma manobra de bastidores.
Eu estava machucado, tinha sido operado, não viajei para Belo Horizonte para o jogo decisivo. Surgiu em Minas Gerais

a conversa de que o Atlético escalaria o Reinaldo, que estava suspenso, através de uma liminar. O Serginho Chulapa, que era o artilheiro do nosso time, também estava suspenso. Eu estava em casa, por volta das dez horas da manhã, quando o seu Minelli me telefonou e disse: "Dá um jeito de achar o Chulapa". E eu: "Pô, seu Minelli, hoje é domingo, achar o Chulapa lá na Casa Verde [bairro da Zona Norte de São Paulo] não vai ser fácil". Eu morava no Morumbi, do outro lado de São Paulo. Mas eu era muito amigo do Chulapa, frequentava a casa dele. Prometi que tentaria, mas naquele tempo não tinha tanta facilidade de comunicação como hoje. O Chulapa nem tinha telefone em casa. Procurei na Casa Verde inteira, achei o Chulapa e disse: "Meu, vou te levar pra o aeroporto, tem um jatinho que eu vou pagar do meu bolso, o São Paulo me reembolsa depois. Se eles escalarem o Reinaldo, você tem que jogar". Ele resmungou, mas foi comigo pra Congonhas. Coloquei o Chulapa no jatinho e disse: "Vai você, porque está chovendo muito [rindo]". Nessa história toda a confusão foi boa para o time do São Paulo. A verdade é que o Atlético tinha um timaço, melhor que o nosso, e criou-se o clima, a expectativa de o Serginho jogar ou não. Isso afetou um pouco o time deles. O São Paulo deu uma equilibrada. Nós tínhamos jogadores suspensos, entraram reservas como o Viana e o Peres. O São Paulo entrou para levar a decisão para os pênaltis e foi campeão. O Minelli foi muito inteligente.

Você acha que é uma injustiça o Minelli jamais ter sido chamado para treinar a seleção brasileira?
Quem é do futebol, mesmo quem não trabalhou com ele, já reconhecia que ele tinha que ir para a seleção. Existia um pouco de política por ele ser de São Paulo, ter trabalhado no Sul. Ele era o melhor disparado, ganhou muitos títulos. Foi uma grande injustiça.

Você vê algo do Rubens Minelli no seu trabalho como técnico de futebol?
A minha parte tática é muito em cima do que o Minelli fazia. Muito trabalho sem a bola, pouco treino coletivo, muito posicionamento. Isso é uma visão que começou lá atrás, no trabalho do Minelli. Uso muito a parte de organização de um time, até da

montagem da barreira, quem vai bater escanteio, onde tem que ficar cada jogador no lance de bola parada.

Rubens Minelli foi o melhor treinador com quem você trabalhou?
Tive muitos bons treinadores, mas eu vejo futebol como um conjunto que envolve o tático, o técnico e a disciplina. Nesse conjunto, ele foi o melhor, o mais completo, era o mais preparado de todos. Só fui conhecer o Parreira e o Telê muito tempo depois, e inclusive fui auxiliar técnico deles.

Atualmente você é técnico do São Paulo, clube pelo qual foi jogador sob o comando do Minelli. Vocês mantêm contato?
Tive a felicidade de receber um prêmio das mãos do Minelli. É um cara superagradável, inteligente, você acaba aprendendo bastante com ele. Ele é muito amigo de todos no São Paulo, trabalhou na administração do clube, é uma pessoa muito querida e respeitada.

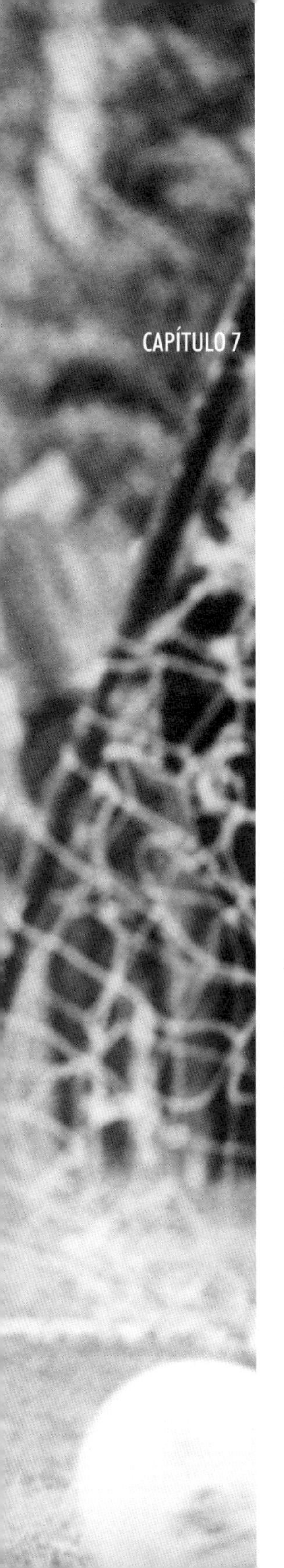

CAPÍTULO 7

ÊNIO ANDRADE

Raciocínio rápido, cordialidade
e uma capacidade rara
de montar grandes times.
Três vezes campeão brasileiro,
uma delas invicto, tinha
o futebol na alma.

Pergunte a um jogador de futebol que tenha atuado nos anos 1970 e 1980, em especial no sul do Brasil, quem foi o melhor treinador com quem ele trabalhou. A probabilidade de que a resposta seja Ênio Andrade é muito alta. Esse gaúcho de jeito simples e direto colecionou títulos e é tido por grandes conhecedores de futebol como um dos maiores montadores de equipes do país. Entre algumas de suas conquistas estão o título brasileiro de 1979 com o Internacional de Porto Alegre, até hoje a única oportunidade em que um time foi campeão nacional invicto. Além de outro feito capaz de representar toda sua capacidade: o Campeonato Brasileiro conquistado com o Coritiba, em 1985.

"Camisa 10" clássico

Ênio Vargas de Andrade nasceu em Porto Alegre, em 31 de janeiro 1928. Com 17 anos já era jogador do São José, o Zequinha, tradicional time da capital gaúcha. Também atuou no Internacional, sendo campeão gaúcho no início dos anos 1950. Depois se transferiu para o time do Renner, que era mantido pela fábrica de tintas de mesmo nome.

– Sempre que o time chamava, a gente deixava o trabalho na fábrica de lado e ia jogar. O Ênio era um meia-esquerda técnico e habilidoso, "camisa 10" clássico, canhoto. A principal característica dele era bater muito bem na bola, principalmente em cobranças de pênalti – conta o ex-goleiro Valdir Joaquim de Morais, parceiro de time e compadre de Ênio Andrade.

– Eu nunca vi o Cabeça perder um pênalti – acrescenta.

Cabeça era o apelido com que os colegas brindaram Ênio Andrade no futebol, numa referência óbvia ao volume avantajado que crescia

sobre o pescoço. Mas ele era bom mesmo com a bola no pé esquerdo. Ajudou o modesto Renner a fazer história conquistando o título gaúcho de 1954, desancando os poderosos Inter e Grêmio. Feito que demorou 44 anos para ser repetido, quando em 1998 o Juventude derrotou o Inter na decisão. Também participou da campanha épica da seleção brasileira – representada pela seleção Gaúcha – na conquista do título Pan-americano de 1956, no México.

Em 1958 foi contratado pelo Palmeiras e conquistou o título do Supercampeonato Paulista de 1959. Mas a partir do deslocamento de Chinesinho para a meia-esquerda, Ênio perdeu espaço no time titular. Também passou pelo Náutico, de Pernambuco, antes de encerrar a carreira no São José de origem, em 1962.

O mago do vestiário

A carreira de treinador começou em pequenos clubes do Rio Grande do Sul e só foi ganhar destaque no começo da década de 1970, quando comandou o Esportivo de Bento Gonçalves numa boa campanha, revelando jogadores como Neca, que faria sucesso no Grêmio e no São Paulo. Teve chances no Grêmio e no Coritiba e, embora já demonstrasse todo seu conhecimento, os times fracos não ajudaram. Mas as principais características do treinador tinhoso, observador e de raciocínio lógico e objetivo já estavam todas ali. Fumante compulsivo, o Cabeça dava suas palestras nos vestiários com um cigarro no canto da boca. Fala mansa, ouvia a todos e assimilava críticas como um estoico. Durante o jogo, bola rolando, falava pouco. A magia acontecia no vestiário.

– Ele tinha uma capacidade incrível de mudar o time no vestiário, de mexer com o jogo. E isso ainda na época em que não se permitia fazer substituições – atesta o companheiro Valdir de Morais

O Internacional foi o grande time brasileiro dos anos 1970. Até meados da década rivalizava com o Palmeiras, cada um conquistando dois títulos nacionais. Em 1979 o Internacional pôs fim a essa disputa de maneira categórica. Embora tenha deixado pelo caminho rivais de peso como o arqui-inimigo Grêmio, o Cruzeiro e o Vasco (na final), foi exatamente contra o Palmeiras, na semifinal, que se deu o embate que simbolizou a conquista da hegemonia na década.

O Verdão era dirigido por outro mestre, Telê Santana, e vinha de resultados expressivos como uma goleada por 4 a 1 sobre o Flamengo, no Maracanã. As semifinais foram espetaculares. Empate por 1 a 1 no Beira-Rio e um eletrizante 3 a 2 para o Inter, no Morumbi, com uma atuação soberba de Falcão. Ênio Andrade tinha um timaço nas mãos e havia implantado o sistema de jogo que seria sua marca registrada, o 4-3-3. Havia força na marcação, muita capacidade física, proporcionada pelo trabalho do preparador Gilberto Tim, um dos melhores do país. Craques como o zagueiro Mauro Galvão, Falcão e Mário Sérgio. O Inter disputou 23 partidas, conseguindo 16 vitórias e empatando 7 vezes. Era o primeiro time a ser tricampeão brasileiro (1975, 1976 e 1979) e permanece até hoje como o único a conquistar o título nacional de forma invicta. O Cabeça estava apenas começando a expandir seu domínio sobre o futebol brasileiro.

Campeão acima das rivalidades

O Inter tricampeão brasileiro ainda foi vice-campeão da Libertadores em 1980 e semifinalista do Brasileiro no mesmo ano. A final da Libertadores foi particularmente traumática para os colorados. O ídolo Falcão tinha acabado de ser vendido para a Roma, da Itália, e foi vaiado no Beira-Rio durante a partida final, na qual o Inter perdeu o título para o Nacional uruguaio. As boas campanhas não seduziram os dirigentes do Inter. Mas chamaram a atenção dos rivais gremistas, que agiram rápido e contrataram Ênio Andrade.

Os resultados foram imediatos. Em 1981, Ênio foi campeão brasileiro novamente, dessa vez comandando o maior rival do Inter. Um time que mantinha o padrão tático que ele considerava ideal. Uma linha de quatro defensores, mais três no meio-campo e três atacantes. Naquele

caso do Grêmio, o trio de frente era formado por Tarcísio, Baltazar e Odair. Havia ainda grandes craques. A segurança de Emerson Leão no gol e o talento de Paulo Isidoro e Vilson Tadei no meio-campo. Na liderança, a raça uruguaia de Hugo De León. A campanha, como em quase todas as conquistas com a marca de Ênio Andrade, foi excelente: 23 jogos, 14 vitórias, 2 empates e 7 derrotas. O goleador do time na competição foi Baltazar, o Artilheiro de Deus. Dos dez gols marcados pelo atacante, um jamais sairá da memória dos gremistas. Em 3 de maio de 1981, o Grêmio enfrentou o São Paulo e um Morumbi lotado na decisão. Vinha de uma boa vitória por 2 a 1 em Porto Alegre. Aos 20 minutos do segundo tempo, Baltazar mata no peito, na entrada da área, e acerta no ângulo de Waldir Perez.

O gol do título também inaugurava a era de grandes conquistas do Tricolor gaúcho. Ênio Andrade não era o treinador gremista quando o time venceu a Libertadores e o Mundial de 1983 – o cargo estava com Valdir Espinosa. Mas não há gremista que deixe de reconhecer a mão de Cabeça na confirmação do Grêmio como força nacional e internacional do futebol. No meio do caminho, ele quase faturou o bi brasileiro com o Grêmio, alcançando a decisão em 1982. Mas do outro lado estava um time sensacional do Flamengo, com Zico no auge da forma, embalado pela conquista da Libertadores e do Mundial em 1981. Ainda assim a decisão foi para o terceiro jogo, após empates por 1 a 1 (Maracanã) e 0 a 0 (Olímpico). Na partida final, em Porto Alegre, um gol de Nunes deu o título ao Flamengo.

Amansando o Leão

É da passagem pelo Grêmio uma das mais deliciosas histórias sobre Ênio Andrade, que ilustra perfeitamente seu estilo e sua genialidade.

Emerson Leão, temperamento forte, já consagrado, era goleiro do Grêmio e, durante o treino, mostrou a bola para Ênio e o desafiou:

– Se o senhor acertar o pênalti, eu pago uma cerveja.

Ênio, impassível, sem alterar a fisionomia, coloca a bola na marca da cal e rebate:

– Vamos fazer diferente: eu vou chutar dez pênaltis. Se você defender um, eu pago um engradado de cerveja.

O velho Cabeça acertou os dez pênaltis. E ganhou o engradado.

Aliás, registre-se que Ênio Andrade era bom bebedor. Estava sempre bicando uma cervejinha e apreciava um uísque regado a bate-papo de qualidade. Também fumava muito, o que acabaria provocando sua morte. Uma das lembranças dos atletas que com ele trabalharam, sempre citada, é que ele costumava dar suas palestras nos vestiários tragando um cigarro.

– O Ênio foi um gênio dentro do campo e foi um mestre fora do campo – define o jornalista gaúcho Ruy Carlos Ostermann.

Profundo conhecedor de futebol, em especial do gaúcho, Ostermann, apelidado Professor, considera Ênio Andrade o maior treinador de futebol do Rio Grande do Sul em todos os tempos.

No Alto da Glória

Mas foi um pouco ao norte, geograficamente falando, que Ênio Andrade conseguiu sua maior façanha. Em 1985, ele foi contratado pelo Coritiba, que iniciara muito bem o Campeonato Brasileiro sob o comando de Dino Sani (jogador campeão do mundo em 1958 e treinador muito respeitado), mas que aceitara um convite para trabalhar no Oriente Médio. Ênio Andrade estreou perdendo para o Flamengo, por 1 a 0, em Curitiba, Paraná. Depois de três derrotas seguidas, muitas alterações e 529 minutos sem fazer um gol, o Coritiba começou a se acertar. Uma das exigências feitas por Ênio Andrade era que o time corresse muito em campo. Além de cobrar excelente preparo físico, ele fazia os jogadores decorarem a formação tática do adversário. Nos treinamentos, a equipe reserva sempre era montada à semelhança do próximo rival. Prática comum hoje em dia, mas pouco adotada nos anos 1980.

O Cabeça dava mostras de toda sua sabedoria futebolística conforme avançava na competição o Coxa Branca [apelido do Coritiba. A origem data da época da Segunda Guerra Mundial. O Coritiba tinha um zagueiro alemão, chamado Hans Breyer. Ao se referir ao fato de o rival ter um jogador alemão naqueles tempos, um diretor do Atlético Paranaense usou a frase "aquele coxa branca", se referindo a Breyer. O termo virou sinônimo de Coritiba Football Club]. O Brasileirão de 1985 parecia interminável. Foram dois turnos iniciais, uma paralisação para a disputa das Eliminatórias da Copa do Mundo de 1986 e mais duas fases, semifinal e final. O Coritiba passou para a fase semifinal vencendo uma das chaves do segundo turno. A partir dessa etapa, Ênio Andrade instituiu o treinamento de cobranças de pênaltis. A equipe paranaense deixou pelo caminho Sport, Joinville e Corinthians e se classificou para as semifinais, contra o favorito Atlético Mineiro.

O tradicional Coritiba, com sede no bairro curitibano do Alto da Glória, se preparava para conquistar sua mais alta glória, com o perdão do trocadilho. As semifinais comprovaram a força defensiva do Coritiba. Com grande atuação do goleiro Jairo, que segurou o forte ataque mineiro, e um gol de Heraldo, o Coritiba venceu por 1 a 0. No jogo de volta, em Belo Horizonte, o Coxa segurou uma incrível pressão atleticana e o empate sem gols e garantiu vaga na final. Mais que isso, já era o primeiro clube do estado do Paraná a se classificar para a disputa da Taça Libertadores da América.

Everton, atacante do Galo mineiro, resumiu o espírito do Coritiba:

– Os times do Ênio Andrade são chatos. A gente recebe a bola e, no mesmo instante, tem três em cima, marcando.

O adversário da final seria o surpreendente Bangu, do Rio de Janeiro. Astuto, Ênio Andrade surpreendeu ao decidir que, até o jogo decisivo, programado para o Maracanã, numa quarta-feira, em vez de voltar para Curitiba, o time ficaria concentrado em Belo Horizonte, longe da euforia da torcida.

Havia mais de 90 mil torcedores no estádio Mário Filho no dia da decisão. A pequena torcida do Bangu tinha sido engrossada por flamenguistas, vascaínos, tricolores e botafoguenses, que viam no simpático time do bairro de mesmo nome um representante da alma carioca naquela decisão. A presença de torcedores do Coxa é calculada entre 5 e 10 mil pessoas, dependendo da fonte consultada.

O jogo foi disputado sob forte marcação, como gostava Ênio Andrade. O Bangu apostava na malandragem do treinador Moisés, ex-zagueiro que marcou época no Vasco, entre outros times, e na habilidade do ponta-direita Marinho. O Coritiba saiu na frente, com um gol de Índio, cobrando falta. O Bangu empatou com Lulinha. Na segunda etapa, os dois times optaram pela cautela e a decisão foi para a disputa nos pênaltis, como previa o regulamento. O zagueiro Gomes chutou o pênalti decisivo, que decretou a vitória paranaense na série de cobranças alternadas. Era a senha para que a porção coxa branca de Curitiba e do Estado do Paraná começasse a festa. Pela primeira vez estava rompida a hegemonia no Campeonato Brasileiro dos poderosos times de São Paulo, Rio, Minas e Rio Grande do Sul. Essa supremacia das grandes forças seria quebrada novamente em 1988, pelo Bahia, e em 2001, pelo Atlético Paranaense.

Ênio Andrade completava um ciclo vitorioso em sua carreira. Tornara-se três vezes campeão do Brasil, em nenhuma delas dirigindo clubes do eixo Rio-São Paulo.

Além da forte marcação, havia outra marca registrada de Ênio Andrade naquele Coritiba: o trio de atacantes. Os pontas Édson e Lela [pai do lateral Richarlyson, do São Paulo, e do atacante Alecssandro, do Cruzeiro] e o centroavante Índio. O truque que funcionava com Mário Sérgio e Jair no Inter, quando sempre um dos dois recuava para ajudar o meio-campo, era repetido no Coritiba. O 4-3-3 variava para um 4-4-2 mais combativo quando o jogo pedia. Outra artimanha de mestre do Cabeça.

Espião chileno contra o River

Além do profundo conhecimento de futebol no sentido prático, Ênio Andrade era o que se chama de "raposa velha". Sempre procurando pensar antes do adversário, ele dificilmente

era derrotado em estratégia ou preparação fora de campo. Acertava e errava, como todos, mas tomava todas as precauções.

Sua passagem pelo Cruzeiro, clube com o qual teve grande identificação, é recheada de histórias que comprovam essa astúcia. Em 1991, o clube mineiro decidiu a Supercopa da Libertadores contra o River Plate. A competição reunia as equipes que já haviam conquistado a Libertadores da América. Cruzeiro e River se encontravam 15 anos depois da final da Libertadores de 1976, vencida pelo Cruzeiro no terceiro jogo, em Santiago do Chile. O primeiro jogo, em Buenos Aires, teve vitória por 2 a 0 do River. Na partida de volta, Ênio abusou dos truques que tirou da cartola. Sorrateiramente, arranjou um chileno para ser gandula e o colocou próximo ao banco do River, cujo técnico era Daniel Passarella, bicampeão do mundo com a Argentina. Com isso, sabia todas as instruções de Passarella e podia anulá-las taticamente. O Cruzeiro venceu por 3 a 0, com dois gols do atacante Mário Tilico, e conquistou a Supercopa pela primeira vez.

Em 1992, Ênio Andrade comandaria o Cruzeiro na campanha do bicampeonato da Supercopa, derrotando o Racing, da Argentina, em dois jogos decisivos: 4 a 0 em Belo Horizonte e 0 a 0 na Argentina. No mesmo ano, levaria o Cruzeiro à conquista do título mineiro de forma invicta, pela oitava vez na história do clube.

Cai-cai providencial

Também é pelo Cruzeiro, apelidado de Raposa, uma das melhores histórias de astúcia de Ênio Andrade no comando de um time de futebol. Em 1995, por uma dessas maravilhas que só os dirigentes sul-americanos de futebol conseguem imaginar, Cruzeiro e São Paulo fizeram um duelo que valeria por duas competições: a Copa Ouro (que reunia os vencedores da Supercopa) e a classificação na própria Supercopa. No primeiro jogo, em Belo Horizonte, houve uma autêntica batalha tática entre dois mestres: Telê Santana pelo São Paulo e Ênio Andrade no lado cruzeirense.

O São Paulo saiu na frente com um gol de Palhinha e, em seguida, o zagueiro cruzeirense Rogério foi expulso. O outro zagueiro do time mineiro, Vanderci, reclamou com o árbitro Wilson Souza de Mendonça e também foi expulso. Fabinho e Marcelo, sempre por reclamação, receberam o cartão vermelho, e o Cruzeiro ficou com sete jogadores em campo. Ciente de que com 11 contra 11 já era difícil segurar o São Paulo, Ênio Andrade constatou que com sete, seu time seria massacrado. No intervalo tirou alguns dos principais jogadores, como Dinei, Alberto e Paulinho. Luís Fernando Gomes, que entrara no segundo tempo, foi instruído pelo treinador a simular uma contusão. Como não poderia mais fazer substituições e o regulamento não permite que um time atue com menos de sete jogadores, Mendonça encerrou a partida, com resultado de 1 a 0 para o São Paulo.

No jogo de volta, no Pacaembu, o Cruzeiro, mesmo cheio de improvisos, venceu por 1 a 0 e levou a decisão para os pênaltis. Saiu vencedor nessa disputa, por 4 a 1, e deixou o Pacaembu como campeão da Copa Ouro e classificado na Supercopa. Graças à rapidez de raciocínio e à astúcia de Ênio Andrade. A atitude tomada no Mineirão, com o famoso cai-cai de Luis Fernando Gomes, gerou inúmeras críticas, mas foi o que manteve a equipe mineira viva na disputa, que hoje soaria absurda, de duas competições num mesmo jogo.

Apreciador de uísque e de um papo pela noite, Ênio Andrade sempre cultivou as boas amizades ao melhor estilo boêmio. Gostava de boleros e, numa viagem ao México, defendendo a seleção brasileira, foi apresentado ao compositor e cantor chileno Lucho Gatica, um ícone desse gênero musical. Em pouco tempo, pareciam amigos há décadas, e Ênio Andrade teve o privilégio de tocar violão para o autor de clássicos românticos como “El Reloj” e “Sabor a Mí” cantar para os jogadores brasileiros.

Já o cigarro cobrou um preço alto de Ênio Andrade. Com o pulmão fragilizado pela exposição à nicotina, ele morreu em 22 de janeiro de 1997, nove dias antes de completar 69 anos. Seus feitos no futebol ganharam mais exposição no sul do país, por uma questão de puro bairrismo da mídia. Mas ele também deixou saudades em Pernambuco, onde foi campeão pelos três times grandes, Náutico, Santa Cruz e Sport. A

torcida do Náutico tem especial carinho por ele. Em 1984, o Cabeça conquistou o título estadual pelo Timbu, pondo fim a uma sequência de dez anos sem títulos. Foi campeão pernambucano pelo Sport, em 1977, e pelo Santa Cruz, em 1978.

Ênio Andrade detestava obviedades, principalmente quando elas vinham em forma de perguntas de repórteres. Atribui-se a ele uma das mais geniais sacadas na luta constante contra os lugares-comuns tão frequentes quando se trata de futebol. Sempre que algum jovem jogador era promovido das categorias de base para treinar com o time de cima, ele batia um papo com o garoto.

– E tu, jogas em que posição? – perguntava

– Jogo em todas, professor – vinha a resposta, esbanjando confiança.

– Então tu não jogas nada – rebatia o mestre.

Ênio Andrade como técnico do Grêmio em 1981.

ENTREVISTA:
FALCÃO

"O Ênio era muito bom. A boleirada adorava ele"

Paulo Roberto Falcão foi um dos gigantes da história do futebol brasileiro e mundial. É, simplesmente, o melhor jogador e o atleta-símbolo de dois clubes de grande importância no planeta: Internacional, de Porto Alegre, e Roma, da Itália. Pelo Inter, Falcão foi três vezes campeão brasileiro, em 1975, 1976 e 1979, além de uma penca de títulos gaúchos.

Na Itália, o impacto de seu futebol elegante e refinado fez com que ganhasse o apelido de Rei de Roma, após as conquistas da Copa da Itália (1984) e do Campeonato Italiano da temporada 1983/84. A Roma não conquistava um título nacional desde 1942. O sucesso de Falcão na Cidade Eterna fez com que o tradicional jornal *Gazzetta Dello Sport* cravasse a seguinte manchete em 1983: "Falcão, tu fostes ungido como o oitavo rei de Roma".

De volta ao Brasil em 1985, Falcão jogou pelo São Paulo, antes de encerrar a carreira de atleta. Também foi treinador da seleção brasileira e do selecionado japonês, antes de atuar como comentarista de televisão, rádio e colunista de jornal.

Embora tenha trabalhado apenas dois anos sob o comando de Ênio Andrade, Falcão não reluta em apontar o treinador como um dos três que mais contribuíram para o desenvolvimento de sua carreira. Em 1979, Falcão liderou o time do Internacional, treinado por Ênio Andrade, na conquista invicta do Campeonato Brasileiro. Em 1980, o Inter foi vice-campeão da Libertadores e semifinalista do Campeonato Brasileiro.

Nessa entrevista Falcão revela detalhes do profundo conhecimento futebolístico de Ênio Andrade e do relacionamento de pai e filho que tinha com esse fantástico treinador de futebol brasileiro. Além de divertidas histórias de bastidores.

Quantas vezes você, como jogador, trabalhou sob o comando de Ênio Andrade?
Só trabalhei com ele no Inter. O Ênio chegou ao Inter no segundo semestre de 1979, com o Gilberto Tim, preparador físico. O Inter tinha ido muito mal no Campeonato Gaúcho, por uma série de motivos. Eu só pude jogar uma partida do octogonal decisivo, estava atuando também pela seleção brasileira e outros jogadores tiveram problemas de contusão. Ele assumiu a partida contra o Figueirense. O Ênio tinha muito conhecimento de futebol e uma linguagem fácil de ser assimilada pelo atleta. Conhecia muito profundamente a "boleirada", mas não tinha muito uma relação de "boleirão" com os jogadores [boleiro é o genérico do jogador de futebol. Quando um atleta se refere a outro como boleiro, quer dizer que ele carrega mais os vícios do que as virtudes da profissão, as manias, os trejeitos etc.]. O Ênio era extremamente carismático. O cara soltava um palavrão perto dele, e ele, que raramente falava palavrão, respondia: "Vai lavar essa boca aí, rapaz!" A "boleirada" adorava ele.

Como ele era no trabalho do dia a dia, na questão tática?
Ele enxergava muito o futebol. Eu vivi uma história com ele que mostra muito bem isso. Teve uma época em que o Internacional jamais ganhava do São Paulo gaúcho [time da cidade de Rio Grande, onde está localizado o principal porto gaúcho], fosse em Rio Grande ou no Beira Rio. O São Paulo tinha um time muito bom, com jogadores como o Toquinho, que depois jogou na Portuguesa, em São Paulo, e o Valdir, que foi campeão brasileiro com o Inter em 1979. Foi ele quem fez o passe para um dos gols do Chico Spina, na decisão contra o Vasco, no Maracanã. Pois enfrentaríamos o São Paulo e o Valdir, que já estava com a gente, avisou o Ênio que o técnico do São Paulo ia destacar alguém pra grudar em mim quando eu passasse do meio-campo. Se eu ficasse lá atrás, ninguém me marcaria. Aí o Ênio me escalou como centroavante. "Se eles vão te esperar lá atrás, tu vais jogar nas costas deles", argumentou. Eu fiquei lá na frente. Aquilo armou uma tal confusão no time do São Paulo, que eles não entenderam nada. Eu fui jogar no ataque,

Ênio Andrade e Falcão durante treino do Internacional, em 1979.

o Mário Sérgio fez a minha função, que era de segundo homem de meio-campo, o Jair era o meia, e o Bira fazia o outro atacante. Então, o que aconteceu? Um zagueiro pegava o Bira, e o outro não sabia se marcava o Jair ou se ficava em mim. Em 15 minutos de jogo eu nem tinha pegado na bola, e o Inter já estava ganhando por 2 a 0. Essa história serve para se ter uma ideia de como o Ênio conhecia futebol. [O Internacional derrotou o Vasco na final do Brasileiro de 1979. Foram dois jogos: Vasco 0 a 2 Inter, no Maracanã; e Inter 2 a 1 Vasco, no Beira-Rio. Chico Spina fez os dois gols no jogo do Maracanã, do qual Falcão não participou].

E qual era o estilo dele à beira do gramado? Falava muito? Gritava?
Ele não berrava com os jogadores dentro de campo, o que, aliás, eu acho que não adianta nada. Mas tinha uma capacidade de leitura do jogo impressionante. Ele resolvia tudo no intervalo. Era um cara muito afável e perspicaz. Ele entendia muito bem as situações em que tinha de entrar de sola e as outras em que era preciso matar no peito com categoria. A imprensa o respeitava muito, de um jeito raro de se ver no futebol. O Ênio talvez dissesse as mesmas coisas que profissionais da época e de hoje diriam, mas sem aquele tom arrogante, pernóstico, sem ficar bravo. Às vezes perguntavam pra ele se o time seria mais defensivo quando o adversário era um time forte. Ele respondia, fazendo brincadeira: "Que defensivo o quê! Tem que ser equilibrado". Não era uma resposta que agredia, e todos gostavam dele por isso.

Taticamente, o trabalho de Ênio Andrade ficou marcado por adotar o sistema 4-3-3 (quatro homens de defesa, três no meio-campo e três atacantes)?
Ele tinha uma coisa de jogar no 4-3-3, mas pelo menos no Inter, era disfarçado, pois o Mário Sérgio fazia o quarto homem de meio-campo. Nos jogos mais difíceis, jogávamos eu e o Batista como os dois volantes à frente da área. Eu saía mais. O Mário fazia o quarto homem mais recuado. Nos jogos mais fáceis, aí sim, o Mário Sérgio ficava mais aberto e o esquema era com três atacantes de fato.

Como era a relação dele com os jogadores? Ele permitia brincadeiras?
Era um sujeito muito humano, se preocupava com os caras, mas sem ser o paizão. Ele não era de fazer muita reunião com os jogadores. Falava uma frase e se fazia entender. Não ficava em cima, não cuidava da vida particular do jogador. Ele vivia contando de um gol que fez no Campeonato Pan-americano de 1956 [a seleção brasileira foi representada pela seleção gaúcha e conquistou o título]. O Mário Sérgio, que sempre sacaneava todo mundo, dizia: "Que gol que o senhor fez, seu Ênio? Tem que trazer a prova". O Ênio prometia: "Vou trazer o LP com a gravação". E o Mário, aí, não perdoava: "Pô, *long play* [para as novas gerações o termo *long play* não deve fazer muito sentido. Mas, muito antes da era do CD e da música digital, o formato de gravação de música e áudio era um discão grande, de acetato ou vinil, chamado de *long play* ou LP] não vale, seu Ênio!!!!!

Mesmo com jogadores como o Mário Sérgio, que é um grande gozador, ele nunca perdia a paciência?
O Mário Sérgio também adorava provocar o Batista e usava o Ênio para isso. O Mário perguntava: "Seu Ênio, imagine um meio-campo com Batista, Falcão, Ênio Andrade e Mário Sérgio. Qual seria a função tática do Batista?" O Ênio abria um sorriso e respondia: "Tirar [roubar a bola] e dar pra nós, pô!".

Como era sua relação pessoal com Ênio Andrade?
Eu era muito amigo dele, sentia que ele tinha uma relação de pai e filho comigo. Ele me chamava de Bolinha, eu era o capitão do time dele. Sempre demonstrou uma preocupação sincera comigo.
Em 1980, nas semifinais do Campeonato Brasileiro, contra o Atlético Mineiro, eu tive uma erisipela [infecção de pele provocada por uma bactéria] antes da segunda partida, em Porto Alegre. Estava com 40 graus de febre na hora do jogo. Tentei aquecer, botei caneleira e tudo, mas não conseguia nem tocar na pele. Quando o Gilberto Tim era o preparador físico, o capitão do time é que sempre devia puxar a fila do aquecimento. Eu tentei, mas mancava, abaixava a perna e latejava muito. O Tim dizia: "vamos lá, você tem que entrar, dar motivação

pra o time". O Ênio viu tudo aquilo e, preocupado, veio falar comigo: "Como é que tá, Bolinha? Não vai dar, né? Cuida disso." O Tim insistia e falava: "Boniteza [ele chamava todo mundo de Boniteza], tu tinhas que ter entrado! Só pra entrar em campo e assustar os caras [do Atlético]". Depois, o médico que me curou disse que se eu tivesse jogado e tomado uma pancada no local, poderia ter perdido a perna.

Quando você deixou o Inter e foi para a Itália, jogar na Roma, a amizade continuou?
A minha estreia na Roma foi num amistoso exatamente com o Inter. E logo depois a gente faria um jogo na Arábia. O Ênio veio falar comigo, ele estava preocupado em saber como eu ia me virar na Itália e disse: "Como é que tu vais ficar sozinho aqui?".

Pode-se dizer que o Ênio Andrade foi o melhor treinador que você teve?
Dizer quem foi o melhor é algo com que não concordo muito. Temos esse hábito no Brasil, mas isso é muito simplório. O Dino Sani foi o primeiro técnico que apostou em mim, em 1973, no Inter. Jogavam Carboni e Tovar, e o Dino disse para a diretoria: "pode vender um dos dois que o Falcão faz o que os dois fazem". O Minelli me ajudou muito porque me pôs para jogar mais à frente, como segundo volante. E o Ênio Andrade foi um cara com quem eu tive uma grande relação e me desenvolvi muito como jogador. Tive vários treinadores, mas esses três foram muito importantes para mim, me ajudaram muito.

Como foi o impacto da saída do Ênio para o Grêmio, exatamente o maior rival do Inter, em 1981?
Quando o Inter perdeu a chance de conquistar o tetracampeonato brasileiro e o título da Libertadores, em 1980, o Ênio saiu. Eu tinha tanta confiança no trabalho dele que aconteceu uma história curiosa. Eu vim de Roma passar férias em Porto Alegre e os jornalistas foram me esperar no aeroporto. Um repórter da Rádio Guaíba me perguntou: "e o Ênio Andrade no Grêmio, que é que tu achas, Falcão?" Eu respondi: "o Grêmio começou a ser campeão brasileiro". Simplesmente saiu essa frase. O Grêmio foi campeão, com aquele gol

do Baltazar, na final contra o São Paulo, e no dia da conquista do título me telefonaram em Roma. Reproduziram a entrevista daquele dia em Porto Alegre, perguntavam como é que eu podia saber, ter certeza que ele seria campeão. Foi o que me ocorreu na hora. Eu já sabia que o Ênio era muito bom.

Foto: Que Fim Levou/Terceirotempo.com.br

CAPÍTULO 8

TELÊ SANTANA

Ninguém é chamado
de mestre por acaso. Telê foi
um incansável combatente
da causa do futebol limpo,
técnico, jogado de maneira
simples, objetiva e, por isso,
bonita.

Unanimidade é algo praticamente impossível de se conseguir em qualquer ramo. Ainda mais no futebol. Mas Telê Santana chegou muito perto disso como treinador. Mineiro de Itabirito (nasceu em 26 de junho de 1931), jogador de boa qualidade, Telê estabeleceu um marco como técnico. Suas equipes carregavam um DNA, um atestado de qualidade. Ganhando ou perdendo, um time dirigido por Telê Santana era sinônimo de bom futebol.

A carreira de jogador de Telê Santana da Silva foi marcada por uma armadilha do destino. Telê era bom. Isso já se sabia desde o início em Minas, no Itabirense e no América de São João Del Rei. Mas nos anos 1950 e 1960, em se tratando de futebol brasileiro, isso não bastava. Havia craques em penca. E Telê era ponta-direita. Para se ter uma ideia da concorrência nessa posição, havia "apenas" Garrincha e Julinho Botelho, dois gênios do futebol. Telê não era um ponta driblador, mas tinha boa técnica, sentido tático e um fôlego incansável. Era uma espécie de Zagallo pela direita.

O Fio de Esperança

Torcedor do Fluminense (embora exista quem afirme que ele era Atlético Mineiro), Telê foi atleta do clube, pelo qual conquistou o título carioca de 1951 e ganhou o apelido de Fio de Esperança. O termo surgiu em uma campanha do *Jornal dos Sports* em 1956, do Rio de Janeiro, e foi dado pelos leitores, que responderam a uma pesquisa do histórico jornalista Mário Filho [gênio do jornalismo, irmão de Nélson Rodrigues e cujo nome foi dado ao estádio do Maracanã]. A ideia era a seguinte: Dê um apelido para Telê Santana e ganhe cinco mil cruzeiros. Mais de quatro mil pessoas enviaram sugestões. Fio de Esperança, Big Ben e El Todas foram as mais votadas, e Fio de Esperança foi o

ganhador. Assim, Telê, que era conhecido como "Tarzan" e "Fiapo", em referências – irônica e explícita – ao físico franzino, tornou-se "Fio de Esperança", que remetia ao seu fôlego interminável e à luta constante dentro de campo. Ele fazia parte do elenco tricolor que conquistou a Copa Rio de 1952, torneio que o Palmeiras (que ganhou em 1951) e o Fluminense consideram um Mundial de Clubes. Telê ainda conquistou, como jogador, o título carioca de 1959 e o do Torneio Rio-São Paulo de 1960.

Os títulos de Telê como jogador do Fluminense estão entre os mais significativos da história do clube. Em 1951, Telê atuava ao lado de lendas como Didi, o goleiro Castilho [um de seus melhores amigos, que cometeu suicídio em 1987], Píndaro e Pinheiro. O Fluminense foi o segundo campeão carioca da era Maracanã. O primeiro foi o Vasco. O estádio havia sido construído para a Copa do Mundo de 1950 e apenas no ano seguinte recebeu jogos do estadual. Em 1959, o Fluminense era chamado de Timinho pelos adversários, porque não tinha grandes craques. Mas o Tricolor foi o campeão, sofrendo apenas uma derrota em 22 jogos. Novamente com Telê em campo, e um de seus mestres, o técnico Zezé Moreira, no banco.

O primeiro campeão brasileiro

Telê ainda atuou como jogador pelo Guarani, de Campinas (interior paulista), e pelo Vasco da Gama, antes de encerrar a carreira de atleta.

Muito querido e respeitado no Fluminense, Telê foi contratado para treinar a equipe de juvenis do clube em 1968. Sempre cuidadoso com o trabalho e preocupado com seu futuro, já era dono de uma sorveteria antes de iniciar a carreira de técnico. Telê foi promovido ao time profissional em 1969 e conquistou o título carioca daquele ano. Em 1970, foi para o Atlético Mineiro e deixou no Flu uma base para a conquista do Roberto Gomes Pedrosa, o Robertão (o embrião do Campeonato Brasileiro), numa final exatamente contra o Galo mineiro.

Mas o primeiro sinal de que Telê seria um grande técnico veio em 1971, no Atlético Mineiro. Ele ainda era um jovem de 40 anos. Era a primeira vez que se disputava um torneio nacional sob o nome de Campeonato Brasileiro. Pelé ainda estava no Santos, Ademir da Guia era o craque do Palmeiras, o São Paulo tinha o uruguaio Pedro Rocha, o Botafogo contava com Jairzinho. Mas Telê, que já havia sido campeão mineiro com o Galo, armou um belo time. Havia o oportunismo de Dadá Maravilha, o toque de bola elegante de Humberto Ramos. O Atlético surpreendeu o Brasil e faturou o título na disputa de um triangular eletrizante contra Botafogo e São Paulo. O Tricolor paulista venceu o Botafogo por 4 a 1 e foi derrotado por 1 a 0 pelo Galo. No jogo decisivo, o Fogão precisaria vencer por seis gols de diferença. Mas deu Atlético, com um gol de Dadá Maravilha, após uma jogada de Humberto Ramos.

– Peguei um time com o moral baixo, que não era campeão há um bom tempo. Fiz a equipe entrar em campo sempre confiante, pensando só em jogar futebol – disse Telê em entrevista coletiva após a partida.

Era o lançamento de um discurso que passaria a ser o seu cartão de visitas como treinador. E não era apenas discurso. O Galo foi o melhor ataque do campeonato, com 39 gols, teve em Dario o artilheiro, com 15, e levou apenas 2 cartões amarelos e 1 vermelho.

A independência do Grêmio

Entre 1972 e 1973, Telê Santana teve sua primeira experiência como técnico do São Paulo – onde faria história 20 anos mais tarde. Não deixou saudades e saiu em virtude de problemas com alguns jogadores. Pouco se ouviu falar dele até 1977. Um ano antes, durante o Brasileiro de 1976, foi contratado pelo Grêmio. A fase gremista era terrível. O Inter vivia seu período de ouro. Era bicampeão brasileiro e acumulava oito conquistas seguidas do Campeonato Gaúcho. A direção apostou em Telê Santana e numa mistura de jogadores experientes, como Tadeu Ricci, Tarciso, Eurico e os uruguaios Ancheta (zagueiro) e Corbo (goleiro), com jovens como o ponta-esquerda Éder, que, revelado por Telê no Grêmio, depois seria destaque do Atlético Mineiro e da seleção brasileira.

Num ensolarado 25 de setembro de 1977, em Porto Alegre, Grêmio e Inter decidiram mais um Campeonato Gaúcho, no estádio Olímpico, ainda sem dois lances de arquibancadas. Só os gremistas que viveram aquele dia sabem o que sentiram. Na matemática da rivalidade gaúcha, oito anos sem um título pesam muito mais do que oito anos simplesmente. Para se ter uma ideia, relembremos o desabafo do ponta-direita Tarciso após a perda do título para o Inter em 1976:

– Não tem justiça na vida? Eu treino, corro, apanho do Figueroa e não adianta? Será que eu nunca vou ganhar deles e ser campeão? Será que Deus existe mesmo?

Naquele 25 de setembro foi dos pés de Tarciso que nasceu a liberdade dos gremistas. A bola passou pelos pés de Tadeu Ricci e chegou até André Catimba, baiano revelado pelo Vitória. Foi dele o gol do título, do fim do pesadelo. Na tentativa de dar uma cambalhota na comemoração, André levantou voo, mas o corpo ficou reto, teso, e se espatifou no chão. Contusão feia, mas nada que atrapalhasse a festa tricolor.

Sob o comando de Telê, o Grêmio estava livre da maldição. Então pôde se preparar para os maiores saltos de sua história, nas duas décadas seguintes: campeão do mundo e bicampeão da Libertadores. Telê ainda dirigiu o Grêmio em 1978. O time alcançou as quartas de final do Brasileirão e perdeu o título gaúcho para o Inter. Mas Telê já estava na história do clube.

Em 1979, Telê Santana assumiu o Palmeiras. O clube vivia uma nova realidade. Em virtude de um escândalo administrativo alguns anos antes, o Verdão exibia um perfil diferente do time comprador que sempre tinha sido. A nova ordem era apostar em jovens baratos e desconhecidos. Foi assim que Telê, mais uma vez mostrando toda sua capacidade, armou um bom time quase a partir do nada. No meio-campo havia os volantes Pires e Mococa. O ataque tinha Jorginho e Baroninho. O lateral-esquerdo era Pedrinho, e havia a categoria de Jorge Mendonça para conduzir a garotada.

Naquele tempo o calendário brasileiro era uma preciosidade de estupidez. Os jogos do Brasileiro e dos estaduais eram disputados simultaneamente. Nesse ritmo, houve um momento em que o Palmeiras de Telê encantou o país com uma sequência de goleadas entre as duas competições que culminou com um histórico 4 a 1 sobre o Flamengo de Zico, em pleno Maracanã. Mas havia dois adversários no caminho de Telê. Um era o Internacional de Ênio Andrade e do craque Falcão, que eliminou o Palmeiras nas semifinais do Brasileiro. O outro era a malandragem de um cartola, aproveitando-se da ganância de outro.

O Palmeiras de Telê sobrava no Paulistão de 1979, voava baixo. A fórmula de disputa previa dois turnos e semifinais. Na fase semifinal havia a previsão de dois confrontos entre Palmeiras e Guarani e Corinthians e Ponte Preta. O presidente da Federação Paulista era Nabi Abi Chedid. Ganancioso, propôs uma mudança na tabela e a realização de uma rodada dupla, para oferecer à TV e lucrar em cima. Raposa velha do futebol, o presidente do Corinthians, Vicente Matheus, percebeu ali uma chance de mudar a história do campeonato. Matheus sabia que o Palmeiras era muito superior. Aproveitando-se da manobra de Nabi, lançou mão de outra, mais astuta: entrou com uma liminar na justiça comum que impediu a realização do jogo do Corinthians, alegando que tinha havido alteração na tabela. O campeonato foi paralisado e, por falta de datas, a decisão ficou para o início de 1980. O ritmo do Palmeiras foi interrompido e, na retomada, o time já não era o mesmo. A final acabou sendo Corinthians e Ponte Preta, com vitória do Timão e os louros para a malícia de Vicente Matheus.

Pé-frio?

Começava a surgir ali uma injusta fama de pé-frio que acompanharia Telê Santana por muito tempo. A sequência de bons trabalhos no Grêmio e no Palmeiras transformou-o em favorito para assumir a seleção brasileira. Em 1980 ele foi chamado para substituir a Cláudio Coutinho, que treinou o time na Copa de 1978. A ideia da Confederação Brasileira de Futebol (CBF), então dirigida por Giulite Coutinho, era mudar a cara da seleção, recuperar suas raízes, aproveitando a boa base deixada por Cláudio Coutinho, que iniciara um processo de renovação. Havia uma geração talentosa. Zico, Leandro e

Júnior estavam no auge no Flamengo, que seria campeão mundial. Sócrates e seus geniais toques de calcanhar se transformaram em sensação do Corinthians. Falcão já era o Rei de Roma. Éder, que Telê lançara no Grêmio, se juntava a Reinaldo num ataque infernal do Atlético Mineiro, que ainda tinha o clássico zagueiro Luizinho. Enfim, havia material humano de grande qualidade para que Telê colocasse em prática suas ideias de futebol bem jogado.

Entre dezembro de 1980 e janeiro de 1981 foi realizado um Mundialito de Futebol no Uruguai, para celebrar o trigésimo aniversário da conquista da Copa do Mundo de 1950. A ideia era reunir todos os campeões do mundo até então, em jogos no Estádio Centenário. A Inglaterra não aceitou o convite e foi substituída pela Holanda, vice em 1974 e 1978, que se juntou a Brasil, a então Alemanha Ocidental, Uruguai, Argentina e Itália. O Brasil caiu no grupo B, com Argentina e Alemanha. Empatou por um gol com os argentinos e goleou a Alemanha por 4 a 1, com um show de futebol. Mas perdeu a final para os uruguaios por 2 a 1. Era mais lenha para alimentar a fama de pé-frio de Telê.

Nas Eliminatórias para a Copa do Mundo de 1982 a seleção brasileira não teve problemas. Ainda em 1981, o time comandado por Telê Santana fez uma excursão pela Europa que foi histórica [naquele tempo havia espaço no calendário para que as seleções fizessem longas excursões, em especial a equipe brasileira]. O Brasil venceu a Inglaterra no estádio de Wembley por 1 a 0 [a primeira vitória de um time sul-americano sobre a Inglaterra no estádio de Wembley desde a inauguração, em 1923. Em 2000, o velho – e belíssimo – estádio foi demolido e em seu lugar surgiu uma moderna arena]. Ganhou da França por 3 a 1, em Paris, no dia em que Pelé recebeu o prêmio de Atleta do Século, e depois venceu a Alemanha por 3 a 1, em Stuttgart. Esse jogo ficou célebre para o goleiro Valdir Peres, que pegou duas cobranças de pênalti do craque alemão Paul Breitner.

Não havia dúvidas de que o Brasil formara seu melhor time desde a Copa de 1970 e chegaria à Espanha, onde seria disputado o Mundial de 1982, como grande favorito. O trabalho de Telê se sustentava não apenas pela estética, mas pela frieza dos números: 32 jogos, 24 vitórias, 6 empates e 2 derrotas. Foram 84 gols marcados e apenas 20 sofridos na preparação para o Mundial espanhol.

A tragédia de Sarriá

Teses foram e serão levantadas de tempos em tempos sobre o Mundial de 1982. Há quem chame de fatalidade, de tragédia, de um azar sem tamanho a derrota para a Itália por 3 a 2, no dia 5 de julho. Há quem defenda que o time brasileiro jogava bonito, mas tinha defeitos, se defendia mal, e também que a histórica teimosia de Telê Santana tinha interferido negativamente na escalação do time. O tempo não volta, há um pouco de razão dos dois lados nessa batalha ideológica do futebol, mas a Copa de 1982 marcou o trabalho de Telê Santana de uma forma sem igual. Tudo o que ele já havia feito de bom no Brasil passou a ser conhecido no mundo.

A história se sabe, mas vamos relembrá-la em ritmo acelerado, até para não evocar tristeza. O Brasil derrotou União Soviética, Escócia e Nova Zelândia na primeira fase. Com belos gols, um autêntico balé em campo. Na segunda fase, venceu a então campeã mundial Argentina por 3 a 1, com Maradona e tudo. Então chegou o fatídico jogo do estádio Sarriá [que pertencia ao Espanyol, de Barcelona, e foi demolido nos anos 1990, dando lugar a um conjunto habitacional]. O Brasil perdeu para a Itália por 3 a 2, quando precisava apenas de um empate para seguir em frente. Pouco adianta lembrar que a Itália tinha um belo time, talvez o mais técnico de sua história, e que a partir daquele jogo arrancaria para seu terceiro título mundial. Havia o elegante líbero Scirea [precocemente falecido em um acidente automobilístico em 1989]. Antonioni, Altobelli, Tardelli, Conti, todos eram ótimos jogadores. E para finalizar estava ali o carrasco Paolo Rossi, autor dos três gols italianos. Ele retornava de uma suspensão de um ano por envolvimento com a máfia da loteria na Itália.

Para Telê e o Brasil sobraram a tristeza da torcida e da imprensa, que tinham "comprado" aquele time. Houve uma série de relatos de excesso de confiança, há acusações veladas de falta de empenho de um ou outro jogador (jamais feitas em público, mas sempre em *off*, em conversas reservadas) e de teimosia de Telê, por não ter optado por uma equipe mais cautelosa, já que poderia ter administrado o empate que o Brasil conseguira duas vezes durante a partida, após estar perdendo por 1 a 0 e 2 a 1.

– Foi um acidente, uma desgraça – desabafou Zico, logo após o jogo.

Após aquele fatídico jogo no estádio Sarriá, Telê Santana foi aplaudido de pé pela imprensa internacional na sala da entrevista coletiva. Apesar da tristeza, a seleção foi recebida com respeito em seu retorno ao Brasil e até hoje é reverenciada.

– O destino foi covarde conosco – resumiu Telê.

O resultado deixara chagas profundas no futebol brasileiro. Houve uma mudança de mentalidade rumo a esquemas mais defensivos. O meio-campo, que tinha Cerezo, Falcão, Sócrates e Zico, encantou mas foi substituído por formações mais conservadoras, com dois jogadores puramente de marcação. Tinha início ali a era do futebol de resultados, que contaminaria o próprio Telê (isso veremos mais adiante).

Nova chance em 1986

Após tentativas com Carlos Alberto Parreira e Edu Coimbra (irmão de Zico) e uma conturbada e fracassada passagem de Evaristo de Macedo pela seleção brasileira, Telê Santana foi chamado para apagar o incêndio antes da Copa de 1986, no México. Era a primeira vez que um treinador voltava à seleção brasileira depois de um insucesso numa Copa. Telê havia passado pelo futebol árabe e tentou recuperar a seleção, que vinha mal, inclusive nas Eliminatórias. Classificou o time para a Copa e apostou na geração de 1982. Mas Falcão e Sócrates já não estavam no auge. Zico se recuperava de contusão. Apenas Júnior seguia numa fase exuberante. Leandro tinha pedido dispensa após um incidente na concentração, em Belo Horizonte, quando ele e Renato Gaúcho retornaram atrasados após uma folga. Renato foi cortado e Leandro pediu dispensa em solidariedade.

Havia uma geração promissora surgindo. O lateral Branco, os atacantes Müller, Sidney e Careca, o volante Alemão, o meia Silas. Telê insistiu com os veteranos enquanto pôde. A equipe reserva costumava "gastar a bola" nos treinamentos, e ganhava quase sempre da titular. Durante a Copa alguns de seus jogadores foram incorporados ao time principal. O Brasil avançou até as quartas de final. Mas perdeu para a França, nos pênaltis, após empate por 1 a 1. Justamente quando fez seu melhor jogo. Era o que bastava para que aquela fama de pé-frio que nascera timidamente desabasse sobre Telê.

Mesmo tendo escapado com vida de dois acidentes de avião [Em 1980, Telê estava em um Electra que fez um pouso forçado, de barriga, no Rio de Janeiro. Em 1985, era um dos passageiros de um 747 da Air France que invadiu um terminal de cargas no Aeroporto do Galeão, no Rio de Janeiro], Telê só foi espantar essa fama de azarado no início dos anos 1990, exatamente dez anos após montar a seleção de 1982.

De pé-frio a mestre

Telê foi campeão mineiro pelo Atlético, em 1988, e da Taça Guanabara, em 1989, pelo Flamengo. Também passou pelo Palmeiras e pelo São Paulo. Retornou ao Tricolor paulista em outubro de 1990, quando o clube vivia uma entressafra após o surgimento da geração conhecida como Menudos do Morumbi, que revelou Silas, Müller, Sidney, em meados dos anos 1980. O São Paulo acumulava derrotas em jogos decisivos, como a final do Brasileiro de 1989, e tinha feito uma campanha horrorosa no Paulista de 1990.

Telê conduziu o São Paulo até a final do Brasileiro daquele ano, o que só ajudou a alimentar a fama de azarado. O Tricolor perdeu a decisão por 1 a 0 para o Corinthians, que tinha um time mais fraco. Mas Telê já havia começado um processo de renovação que mudaria a história do São Paulo. O treinador estava lançando jovens, como um desconhecido lateral e ex-volante chamado Cafu. Havia reconduzido Raí, irmão de Sócrates, ao time, depois de um início ruim. Outro garoto chamado Elivélton aparecia na ponta-esquerda, assim como um zagueiro alto e técnico, Antônio Carlos. O lateral-esquerdo era Leonardo, ex-Flamengo.

O São Paulo foi campeão brasileiro de 1991, passando pelo Bragantino na série final. Foi o primeiro de uma série de 11 títulos conquis-

tados por Telê no clube. As coisas haviam mudado para ele e também para o São Paulo. Em 1973, ele saiu do tricolor porque discutiu com Toninho Guerreiro e Paraná, duas estrelas da época. Em 1991, Telê passou a mandar no São Paulo. O clube já tinha uma estrutura de trabalho invejável, com campos de treinamento impecáveis, concentração, equipe médica e de fisiologia de primeiro mundo. Na linguagem popular, era juntar a fome com a vontade de comer.

Telê passou a viver, literalmente, no São Paulo. Dormia e comia no Centro de Treinamentos do clube. Acordava cedo e inspecionava os gramados, tirando com as próprias mãos qualquer indício de praga. Não permitia que jornalistas ou até mesmo dirigentes pisassem com sapatos no campo. Dava broncas até em torcedores.

Os resultados justificaram tamanho poder. O São Paulo de Telê foi bicampeão paulista em 1991 e 1992. Bicampeão da Libertadores em 1992 e 1993. Bicampeão do mundo com vitórias históricas sobre Barcelona, em 1992, e Milan, em 1993. Campeão da Recopa Sul-Americana em 1993 e 1994. Campeão da Supercopa da Libertadores em 1993, campeão da Copa Conmebol em 1994. Telê estava reabilitado. Ninguém se lembrava da fama de pé-frio. Agora ele era o Mestre. Aos jogadores revelados por ele e que eram novos craques, como Cafu e Antônio Carlos, somaram-se craques do passado recente do Tricolor, como Müller, e novos líderes, com Raí. Foi o grande time da história do São Paulo. Havia bom futebol, mas também um traço – até então inédito em se tratando de Telê – de combatividade no meio-campo, mais pegada na defesa. Era um treinador adaptado aos novos tempos, mas sem perder a essência de seu conceito de futebol.

A diretoria tricolor gostava tanto de Telê que mandou construir uma quadra de tênis (hobby do treinador) no Centro de Treinamentos. Apesar do gênio forte, ele cativara a todos no clube. Alguns depoimentos de jogadores que trabalharam com Telê ajudam a montar um breve perfil de seu estilo de trabalho.

– Ele foi o único técnico que tive na vida que nunca mandou fazer uma falta – afirma Zico. Essa afirmação é corroborada por Falcão.

– O Telê não se importava muito com o adversário. Ele queria saber de treinar o time dele. Não tinha treino tático, ele dava muito treino coletivo e ia acertando o time com a bola em jogo. Parava para corrigir alguma coisa, mas gostava de ver o time jogando – conta o atacante Müller.

Os coletivos comandados por Telê no São Paulo eram melhores do que muitos jogos da época. Era naquelas imitações de jogos que o técnico armava o time. As mudanças eram feitas sem cerimônia. Telê parava o treino, mandava fulano sair do time A e escalava cicrano do time B. Perfeccionista, interrompia várias vezes o trabalho, sempre girando um apito preso a uma corda em uma das mãos. Insistia no capricho dos passes de maneira obsessiva. Ensinava jogadores apenas esforçados a bater na bola.

Entrou para o folclore do futebol um caso com Cafu. O lateral chutava mal. A noite já caía no campo de treinamento do São Paulo, mas Cafu continuava lá, não acertava um cruzamento. Irritado, cansado, o jogador apelou:

– Se é tão fácil, vai lá e cruza o senhor.

Para quê!

Disfarçando a irritação, Telê disparou:

– Então vai lá pra área que eu vou cruzar.

Cruzou na cabeça de Cafu, que nem precisou se mexer para mandar a bola para o gol. Cafu deixou o campo fulo da vida, sob risadas dos colegas e dos jornalistas. Mas é agradecido até hoje a Telê. Pouco tempo depois mostraria isso num gesto público de grande nobreza.

Um só objetivo: perfeição

A busca pela perfeição fazia de Telê muitas vezes um chato. A intenção era sempre a melhor, mas ele exagerava. Com Palhinha, habilidoso atacante que o treinador descobriu no América mineiro, Telê perdia as estribeiras. A cada semana, aproveitando o sucesso do São Paulo, Palhinha aparecia com um carro novo. Dentro do campo Telê dava a bronca para todos – jogadores, jornalistas e torcedores – ouvirem.

– Palhinha, compra uma casa, para que trocar de carro? – perguntava.

Com o atacante Macedo, revelado pelo Rio Branco de Americana, houve situações hilárias. Macedo é meio maluquete. Afirmava ter visto um lobisomem em sua cidade, entre outras coisas. Certo dia, apareceu para treinar de manhã com o cabelo cheio de tranças no estilo rastafári. Telê caprichou na bronca, e no treino da tarde Macedo já estava com um novo corte, todo comportado.

Mas o trabalho quase ao ritmo de um fanático cobrou um preço alto. Diabético e solitário, Telê morava longe da família e vivia isolado do mundo. Quando relaxava era com um copo de uísque à mão. Recebia poucos amigos em seu apartamento no Centro de Treinamentos e matava o tempo dedilhando um teclado eletrônico e cantando boleros com esses parceiros de toda hora.

Em janeiro de 1996, ele se licenciou do cargo de técnico do São Paulo, já com alguns problemas de saúde. No mês de maio, Telê sofreu um acidente vascular cerebral (uma espécie de pane em alguns locais do cérebro provocada pela falta momentânea de oxigenação). Afastado do futebol, o treinador entrou em atrito com o São Paulo, alegando que o clube não mostrava interesse em tê-lo de volta. Na verdade, ele não tinha condições de saúde para o cargo.

No final de 1996, Telê foi anunciado como novo treinador do Palmeiras. No início de 1997, o treinador foi levado à Academia de Futebol para ser apresentado aos jogadores. Mas o que se viu foi uma cena dramática. Um Telê Santana debilitado, magérrimo, que parecia não entender onde estava e o que fazia. Ao ser levado ao gramado, diante de um perplexo grupo de jogadores perfilados para recebê-lo, Telê foi resgatado por um gesto de grande nobreza de Cafu, seu atleta no São Paulo, e àquela época jogador do Palmeiras. Cafu o pegou pelo braço, como se fosse um filho auxiliando o pai doente. Conduziu-o até os jogadores, apresentou um a um para Telê, que, olhar perdido em algum ponto longe dali, não entendeu muita coisa.

Telê jamais reassumiu o Palmeiras, nem qualquer outro time de futebol. Recluso em Belo Horizonte, ao lado da família, chorava feito criança quando recebia a visita de amigos do futebol. Sua saúde foi piorando progressivamente. Em 2003, teve a perna esquerda amputada.

Em 2006, precisou ser internado às pressas, com infecção abdominal. Telê Santana da Silva, o Fio de Esperança, o jogador sério e esforçado que se transformara num dos principais treinadores de futebol do mundo, faleceu em 21 de maio de 2006, no Hospital Felício Rocho, na capital mineira. Sua memória e seu espírito de pregador incansável do bom futebol ficarão para sempre.

Foto: Que Fim Levou/Terceirotempo.com.br

Telê Santana como técnico do Atlético-MG, em 1971.

Mauro (à esquerda) e Müller em clássico Corinthians x São Paulo, em 1987.

Foto: Que Fim Levou/Terceirotempo.com.br

ENTREVISTA:
MÜLLER

"Telê era perfeccionista dentro de campo e um pai fora dele."

Luís Antônio Corrêa da Costa foi um dos maiores atacantes do futebol brasileiro. Rápido, habilidoso, goleador, campeão mundial de clubes e de seleções. Esse sul-matogrossense virou cidadão do mundo da bola com o apelido Müller, herdado do irmão, José Edmur Lucas Corrêa, que jogou no São Paulo e no México nos anos 1970. Nascido em Campo Grande, em 1966, Müller certamente fez bom uso do apelido do irmão.

Conta a história que, em meados dos anos 1980, a diretoria do São Paulo apostava alto em um garoto chamado Renatinho, filho de um diretor do clube e que era tido como um craque de futuro garantido. O treinador da equipe principal era Cilinho [Octacílio Pires de Camargo, experiente treinador que se destacou comandando o São Paulo na década de 1980 e marcou seu trabalho pela formação de jogadores]. Ele foi ver um treino dos juvenis do São Paulo e, mesmo bombardeado por pedidos para que promovesse Renatinho, não teve dúvidas: "Eu quero aquele bugre ali", disse, apontando para Müller. De Renatinho nunca mais se ouviu falar, e Müller se transformou num dos maiores nomes da história do São Paulo e do futebol no Brasil, despontando no grupo de jovens jogadores que ficou conhecido como Menudos do Morumbi.

O sucesso foi rápido, catapultado pela conquista do título brasileiro de 1986, com apenas 20 anos, e a disputa da Copa do Mundo do México pela seleção, convocado por Telê Santana. Veio a negociação com o Torino, da Itália, clube pelo qual conquistou duas Copas da Itália, em 1989 e 1990. No retorno ao Brasil, em 1991, Müller trabalhou novamente com Telê Santana, agora no São Paulo, e foi personagem destacado na etapa mais gloriosa da história do clube, conquistando

um título brasileiro, duas Libertadores e dois Mundiais de Clubes, de um total de 15 taças como atleta do Tricolor paulista.

Também teve passagens de sucesso pelo Palmeiras e pelo Cruzeiro, atuou pelo Perugia, da Itália, Reysol, do Japão e por Santos, Corinthians, São Caetano, Portuguesa e Tupi, de Minas Gerais. Encerrou a carreira em 2004, pelo Ipatinga mineiro. Atualmente Müller é comentarista do canal *SporTV*.

Nessa entrevista, ele relembra seus dias de trabalho com o grande treinador e ajuda a entender o fenômeno Telê Santana, seus métodos. Também explica por que coloca o treinador com quem formou uma parceria de sucesso entre os melhores com quem trabalhou.

Quando ocorreu seu primeiro contato com o trabalho de Telê Santana?
Não conhecia o trabalho do Telê, só de ouvir falar. Em 1986 foi o primeiro contato, quando ele me convocou para a seleção brasileira. Sempre tem aquela timidez, a gente vai se conhecendo no treino, na concentração, no dia a dia. Depois pega liberdade e vai sabendo o que o treinador pretende com você, seu estilo de trabalho etc.

Como foi esse primeiro contato, qual a impressão inicial que você teve de Telê Santana?
A primeira ideia que tive dele é que era um treinador já extremamente exigente, com todos os jogadores, principalmente com os mais novos. Eu, Branco [Cláudio Ibrahim Vaz Leal, gaúcho, lateral-esquerdo campeão mundial com a seleção brasileira em 1994, também disputou as Copas de 1986 e 1990] e Silas [Paulo Silas do Padro Pereira, meia revelado pelo São Paulo nos anos 1980, jogou as Copas de 1986 e 1990 pela seleção brasileira e teve passagens por clubes da Itália, Japão, Argentina e Uruguai] éramos os mais jovens em 1986. Ele exigia muito da gente e também dos mais experientes. Ele era perfeccionista, gostava muito dos fundamentos do futebol. Jogador dele não podia errar passe, errar cruzamento. Ele tinha paciência para trabalhar isso com os jogadores.

Você só voltou a trabalhar com Telê Santana em 1991, quando retornou ao São Paulo após jogar na Itália. Houve alguma mudança no estilo do treinador nesse período de cinco anos?
Acho que o Telê não mudou de 1986 para 1991. Ele era muito conservador, mas tinha conviccção de seus métodos de trabalho. Ele manteve sua metodologia, seus pensamentos e os resultados foram melhores porque o São Paulo é um clube que sempre dá tempo para os treinadores trabalharem, e o Telê teve todo o tempo do mundo. Até 1991 ele tinha fama de pé-frio e isso acabou na passagem dele pelo São Paulo.

Como era o Telê no dia a dia, na rotina de trabalho de um técnico de futebol?
O Telê era muito simples para trabalhar. Exigente ao extremo, mas os seus treinamentos eram muito simples. Chute a gol, cruzamentos e muito treinamento coletivo, às vezes até em véspera de clássico. Se ele não gostava do treino da sexta-feira, no sábado de manhã tinha coletivo de 40 minutos. Ele vivia intensamente o futebol.

Telê Santana era um treinador que poderia ser chamado de estrategista?
Telê não era estrategista. Era muito inteligente, mas conservador. Através do simples, ele armava e dava padrão pra equipe. Parava os treinos, exigia muito do passe, que a gente não errasse. De tanto ele falar, ficou na cabeça dos jogadores esse negócio de acertar o passe. O time do São Paulo no início dos anos 1990 praticamente jogava com dois toques, a gente dominava e tocava.

Era um treinador que se preocupava em armar seu time em função do adversário?
Ele só se preocupava com o seu time, não falava do adversário. Isso era legal, porque dava muita moral para os jogadores treinados pelo Telê. Chegou um momento em que aquele São Paulo tinha um padrão de jogo, quem entrava no time já sabia disso. Ele conservava o que tinha de bom em cada jogador, em cada equipe.

Você integrou dois times campeões mundiais sob o comando de Telê, em 1992 e 1993. Qual deles era melhor?
O time de 93 do São Paulo era melhor, era mais técnico. Desde a dupla de zaga, com Gilmar e Válber, com o meio-campo Dinho, Pintado, Leonardo e Cerezo. O time de 92 era bom, mas não tanto quanto o de 93.

Sua geração foi fortemente marcada pela seleção brasileira de 1982, treinada por Telê Santana. O que você achava daquele time?
Para mim a seleção de 82 foi a maior que eu vi do Brasil, pelo menos para a minha geração. Encheu os olhos do mundo, pena que não venceu. Mas o legado que o Telê deixou, de juntar grandes craques e fazer com que jogassem com grande velocidade e entrosamento ficará pra sempre.

Para Telê Santana havia diferença entre trabalhar com jogadores consagrados e atletas jovens?
Tanto grande jogador como jogador emergente o Telê sabia trabalhar. Ele achava a posição certa para o jogador que estava começando, e o jogador consagrado respeitava muito o Telê, que também sabia respeitar os jogadores consagrados.

Você tem exemplos de jogadores para os quais Telê achou a posição certa?
O Pintado e o Cafu. Pintado era lateral-direito, e Telê o colocou para jogar como volante. Ele cresceu muito e foi vendido para o futebol mexicano. Em certo momento de 1993, o Cafu era quarto homem de meio-campo com o Telê, com o Vítor jogando na lateral direita. O Telê tinha essa qualidade de achar uma posição para o jogador, principalmente o bom jogador. Essa versatilidade do Cafu e do Pintado foi o Telê quem descobriu.

Especificamente com você, houve algum momento em que ele demonstrou esse conhecimento e teve interferência positiva em seu rendimento?
Telê disse uma certa vez que o time dele no São Paulo não jogaria com o que se chama de centroavante matador. Ele falou o seguinte:

"Meu time vai jogar com você e o Palhinha no ataque. Mas vai precisar muito da aproximação dos meias e dos laterais". Isso foi muito bom pra mim e para o Palhinha. Nós éramos meias-atacantes, não éramos jogadores de definição e, mesmo assim, fizemos muitos gols. O jogador tem que saber pra que lado ele tem que se movimentar, e o Telê mostrava isso.

Também havia muita preocupação de Telê Santana com a vida dos jogadores fora do campo. Como funcionava isso?
Dentro de campo ele era perfeccionista e fora era um pai, com todo mundo. Era sempre para o bem que ele falava. Fosse comigo, com o Palhinha, o Cafu. Ele sempre dizia pra gente investir bem o dinheiro, comprar imóveis, não gastar à toa. Ele falava o que a gente precisava fazer para ter tranquilidade dentro e fora do campo.

No trabalho, Telê aparentava estar sempre sério. Era assim todo o tempo?
O Telê era muito "boleirão", brincalhão com a gente. Quando acabava o treinamento, ele ficava mais 40 minutos falando de futebol com os atletas, sempre rindo. Foram quatro anos de conquistas no São Paulo e, a partir do momento em que o treinador confia no grupo e o grupo confia no técnico, isso se traduz num ambiente muito bom.

Você se lembra da última vez em que esteve com Telê Santana?
Foi no Centro de Treinamento do São Paulo, em 1994. Eu estava me despedindo do São Paulo, ia pro Japão. Foi meu último contato com ele. Agradeci por tudo que ele tinha feito por mim, ele também me agradeceu e disse: "Você foi o jogador mais inteligente com que trabalhei". Foi muito gratificante ouvir isso de uma pessoa que revelou tantos grandes jogadores. Depois disso não tive mais contato. Ele foi morar em Belo Horizonte, com a família, e eu fiquei em São Paulo. Vi pela TV uma festa de entrega do Troféu Telê Santana. Ele estava numa cadeira de rodas e isso me deixou muito triste.

Ele foi o melhor treinador que você teve?
Para mim, Telê Santana e Wanderley Luxemburgo foram os melhores.

CAPÍTULO 9

LUXEMBURGO

Rápido para tomar decisões, talentoso ao montar grandes times, tem sua competência expressa em diversas conquistas, mas também é conhecido por colecionar inimigos e confusões.

Competência, polêmica, sucesso e inovação. Tudo isso anda junto, misturado às vezes em doses desequilibradas de uma ou de outra palavra. Mas é impossível falar de futebol brasileiro a partir dos anos 1990 sem citar Wanderley Luxemburgo da Silva. Esse fluminense nascido em 10 de maio de 1952, de carreira discreta como jogador, conseguiu, em menos de uma década, inserir seu nome entre os principais técnicos de futebol do país de todos os tempos. Luxemburgo é apontado pela maioria dos jogadores que com ele trabalham como o melhor treinador do país.

Pouco se fala do Luxemburgo atleta. Ele jogou por três clubes: Botafogo, Flamengo e Internacional. Chegou, inclusive, a vestir a camisa da seleção brasileira juvenil, campeã do Torneio de Cannes, na França, em 1974. Geralmente é lembrado como um dos reservas do craque Júnior, na lateral esquerda do Flamengo.

– Eu jogava bola pra caramba. Deixei o Júnior [Leovegildo Lins Gama Júnior, craque do Flamengo e da seleção brasileira nos anos 1970 e 1980, jogou as Copas do Mundo de 1982 e 1986 e fez sucesso atuando na Itália. Atualmente é comentarista de TV] no banco – afirma Luxemburgo, sério.

No Flamengo, jogando quando Júnior "deixava", ficou até 1978, sendo campeão carioca de 1974. Quase foi jogar no Palmeiras, mas o treinador Jorge Vieira não aprovou sua contratação, e Luxemburgo defendeu o Internacional até 1979, ano em que retornou ao Rio de Janeiro, para uma breve passagem pelo Botafogo. Uma contusão no joelho esquerdo pôs fim a sua carreira de jogador e antecipou o nascimento do treinador.

Jogador com estilo de técnico

Ainda como jogador ele já mostrava liderança e personalidade, fatores que posteriormente marcaram sua trajetória como técnico. É o próprio Luxemburgo quem conta uma história que se refere a esse período:

– Estávamos numa seleção de novos, nos anos 1970, e o adversário era a Holanda, que tinha um belo time, com os irmãos Van Der Kerkoff e outros bons jogadores. O Cláudio Adão (ex-atacante) era a grande estrela do nosso time, mas estava cheio de frescura, só fazendo firula dentro de campo. Eu era o capitão e não tive dúvidas: no intervalo, dei uma bronca e disse que no segundo tempo o problema era dele, que ele tinha de ganhar o jogo pra gente. O "Negão" arrebentou na volta – recorda Luxemburgo.

Luxemburgo começou na nova profissão em 1980, trabalhando como auxiliar do treinador Antônio Lopes, no Olaria. Seguiu ao lado do primeiro mestre no América carioca e depois no Vasco da Gama. A equipe em que estreou como treinador foi o Campo Grande, do Rio de Janeiro, em 1983. No mesmo ano foi campeão capixaba pelo Rio Branco, do Espírito Santo. Em 1984, foi trabalhar na Arábia Saudita, como auxiliar do técnico Joubert Luis Meira, a quem também considera um de seus mestres, no Al Itihad.

Ele afirma que participou da conquista da Copa São Paulo de Juniores de 1986, pelo Fluminense, apenas não foi o treinador de campo, de ficar no banco. No Fluminense essa versão não é confirmada. O clube informa que o treinador daquele time de juniores de 1986 era um mineiro conhecido como Toninho, cuja história no futebol se perdeu.

A primeira grande oportunidade de Luxemburgo como treinador apareceu no Bragantino, de São Paulo, em 1988.

– O Nabi (Abi Chedid, mandachuva do Bragantino) me convidou para assumir o time de juniores. O time principal era muito bom, com jogadores como Mauro Silva, João Santos e Gil Baiano. Ele tinha comprado sete jogadores do Guarani. Eu não queria dirigir os juniores, sou técnico de time principal. Acabei me acertando com o Nabi e fizemos um grande trabalho com o Bragantino – recorda Luxemburgo.

O Bragantino foi campeão brasileiro da Série B em 1989 e terminou o Campeonato Paulista em quarto lugar. Já nascia naquela temporada uma das grandes rivalidades entre treinadores do futebol brasileiro: Wanderley Luxemburgo e Emerson Leão. Eles se enfrentaram em 10 de junho de 1986, em Bragança. O time de Luxemburgo venceu por 3 a 0, impondo a única derrota ao Palmeiras de Leão naquela competição.

No acanhado vestiário do Braga, Luxemburgo dava mostras de seu temperamento e de como sabia tirar o máximo dos jogadores. Estádio cheio, a torcida do Palmeiras invadiu Bragança Paulista, clima de final. Zé Rubens, meia do Bragantino, simplesmente travou na hora de entrar em campo, não conseguia sair do lugar e disse ao técnico que não dava para jogar. Zé Rubens tremeu, como se diz na gíria do futebol.

– Eu não tive dúvidas. Peguei o Zé pelos colarinhos, grudei na parede e disse: você vai entrar naquele campo e jogar, sim, senhor. Depois empurrei ele para o túnel – lembra Luxemburgo, sem conter as risadas.

Zé Rubens jogou e fez o segundo gol do Bragantino.

Surge a Linguiça Mecânica

O Brasil conheceu Wanderley Luxemburgo em 1990, quando ele conduziu o Bragantino ao título paulista, derrotando na final o Novo Horizontino e deixando pelo caminho os gigantes Corinthians, Palmeiras, São Paulo e Santos. O Braga era um time compacto, forte na marcação e que se mostrava praticamente imbatível jogando em seu estádio. A campanha: 37 jogos,18 vitórias, 12 empates e 7 derrotas, com 43 gols marcados e 22 sofridos. Conhecido pelo apelido de Massa Bruta, o Bragantino incorporou mais um: Linguiça Mecânica, numa alusão à Holanda de 1974.

O grande destaque do time era Luxemburgo no banco de reservas. Mas um jogador chamava a atenção pela liderança dentro de campo e a consistência do jogo: Mauro Silva, volante de estilo simples e eficiente, que seria campeão mundial com a seleção em 1994.

O Wanderley Luxemburgo campeão paulista de 1990 ainda estava muito longe do senhor elegante dos dias atuais, que vai a campo vestindo ternos de grife. Quando vivia em Bragança e ainda era apenas um coadjuvante abusado, ele vestia camisas chamativas, calças de gosto duvidoso e ostentava um vistoso cabelo *black power*. A personalidade já era tão forte como a estampa das camisas que vestia. Luxemburgo dava respostas firmes nas entrevistas e, à beira do campo, cobrava seus jogadores aos berros. Também mostrava um aspecto que no futuro marcaria seu trabalho: a motivação. Vários jogadores destacavam suas palestras e o uso de trechos de entrevistas de adversários, recortes de jornais e reuniões dos atletas com suas famílias para fortalecer o trabalho em grupo.

O sucesso no Bragantino levou Luxemburgo ao primeiro desafio como treinador de um grande clube: o Flamengo, time do qual sempre foi torcedor. A passagem foi breve e sem grande destaque. Entre 1991 e parte de 1993, Luxemburgo foi morar em Campinas, São Paulo. Trabalhou pelo Guarani e pela Ponte Preta. Ele afirma ter sido convidado a dirigir a seleção brasileira em 1991, mas recusou considerando-se ainda imaturo para o cargo. Ao classificar a Ponte para a primeira divisão do Campeonato Brasileiro, em 1992, o trabalho do treinador chamou a atenção de José Carlos Brunoro, ex-técnico de voleibol que assumira o comando da recém-criada parceria do Palmeiras com a multinacional italiana Parmalat. O Palmeiras amargava um longo período sem títulos, que vinha desde 1976. Os técnicos Nelsinho Batista e Octacílio Gonçalves não renderam, e a empresa apostou em Luxemburgo.

A parceria havia despejado um caminhão de craques no Palmeiras. Roberto Carlos, Mazinho, Zinho, Edmundo, Antônio Carlos. Octacílio Gonçalves, o Chapinha, treinador de espírito alegre e bonachão, foi vice-campeão paulista em 1992, montou o time de 1993, mas não conseguiu domar tantas estrelas e seus egos. A partir da chegada de Luxemburgo, na metade do campeonato, o Palmeiras se encontrou. Até a classificação para a grande final, contra o Corinthians, já era o melhor ataque e, também, o time de melhor futebol.

O fim da fila palmeirense

Na primeira partida da decisão, mesmo jogando melhor, o Palmeiras perdeu por 1 a 0, gol do atacante corintiano Viola, que ficaria eternizado no folclore do futebol como o Gol Porquinho [Viola comemorou "chafurdando" pelo gramado do Morumbi, imitando um porco, ironizando o apelido do torcedor palmeirense]. Era tudo que Luxemburgo precisava para motivar seus jogadores. O treinador já havia detectado que o time palmeirense tinha tamanha confiança em sua superioridade que faltara algo a mais no primeiro jogo. Ele chamou José Carlos Brunoro, que acumulara larga experiência motivacional no voleibol, e produziu um vídeo com a repetição da "chafurdada" de Viola e as ironias de jogadores e torcedores do Corinthians publicadas pela imprensa. Gravou depoimentos com os familiares dos atletas e exibiu tudo no hotel, na última palestra antes de sair para o estádio do Morumbi, num cinzento sábado, 12 de junho de 1993. Muitos jogadores choraram, alguns chegaram a chutar cadeiras e a jurar que dariam a vida pela vitória.

Há, ainda, uma pitada de esoterismo. Amigo do pai de santo Robério de Ogum, Luxemburgo ouviu dele um conselho. Segundo Robério, o Palmeiras, que havia jogado a primeira partida com o uniforme de meias verdes, deveria trocá-las pelas de cor branca, que descarregariam as energias negativas. Embora Luxemburgo negue a história, o Palmeiras entrou em campo de meias brancas e atropelou o Corinthians, com uma vitória por 3 a 0 no tempo normal e 1 a 0 na prorrogação.

Luxemburgo e o Palmeiras fizeram uma parceria de grande sucesso. Além do Campeonato Paulista, o Alviverde conquistou o Torneio Rio-São Paulo, derrotando novamente o Corinthians na final, e o Campeonato Brasileiro de 1993, batendo o Vitória, da Bahia, na decisão. Para 1994, o Palmeiras ficou ainda mais forte, com a chegada do zagueiro Cléber e do meia Rivaldo. O time foi bicampeão paulista e também bisou o título brasileiro, conseguindo mais um triunfo em cima do maior rival, o Corinthians.

– O Palmeiras de 1994 foi o melhor time que eu dirigi. Tinha grandes jogadores em praticamente todas as posições – afirma o treinador.

Também em 1994 aconteceu um momento que Luxemburgo considera chave em sua carreira. Palmeiras e São Paulo, Luxemburgo e Telê Santana disputavam a hegemonia do futebol brasileiro e se encontraram nas oitavas de final da Taça Libertadores da América. O primeiro jogo foi disputado no Pacaembu, na noite de quarta-feira, 27 de abril. O time de Luxemburgo fez um grande primeiro tempo e parou na atuação primorosa do goleiro são-paulino Zetti. Na segunda etapa houve equilíbrio, e o São Paulo, inclusive, não teve um pênalti escandaloso marcado a seu favor. Mas o principal fato do jogo não foi esse equívoco da arbitragem. Substituído por Edílson, aos 28 minutos do segundo tempo, Edmundo deixou o campo batendo boca com Luxemburgo, dedo em riste:

– Se era para me tirar, não precisava ter me colocado – gritou Edmundo.

– Naquele momento eu acho que poderia ter dado outro rumo para a minha carreira, poderia ter me prejudicado muito – afirma Luxemburgo. – Eu levantei do banco e ia partir para cima dele, para dar uma porrada no Edmundo. Felizmente, o "seu" Valdir de Morais estava no banco e me impediu.

Valdir de Morais era o preparador de goleiros do Palmeiras e também fazia o trabalho de observação de adversários. Ele mesmo conta o que fez naquela noite:

– Eu percebi o que o Wanderley ia fazer. Estava sentado à direita dele e mudei de lugar rapidamente, me colocando à esquerda, impedindo que ele pudesse sair pela escadinha do banco de reservas. Eu disse para ele ficar ali e se concentrar no jogo.

Edmundo também considera esse episódio um momento-chave em sua carreira.

– É daquilo que eu mais me arrependo no futebol. Falei com Luxemburgo no vestiário, nos entendemos, mas a imagem foi muito negativa. Ele me suspendeu e isso fez com que eu ficasse fora das últimas convocações para a Copa de 1994 – analisa o jogador.

O problema com Edmundo, um dos muitos que ocorreram naquele elenco de estrelas do Palmeiras, foi contornado. O time foi eliminado da Taça Libertadores pelo São Paulo, mas se vingou depois, tirando o rival do Campeonato Brasileiro e conquistando o bi.

No meio do caminho tinha um Baixinho

Seduzido pela possibilidade de treinar o time do coração, Luxemburgo trocou o Palmeiras pelo Flamengo, em 1995. Mas a promessa de uma grande parceria com Romário, que tinha deixado o Barcelona para ser a estrela rubro-negra, deu em guerra de egos e disputa pelo poder no time. O Baixinho levou a melhor na queda de braço, e Luxemburgo saiu do Flamengo. Passou rapidamente pelo Paraná Clube e retornou ao Palmeiras ainda no Brasileiro de 1995. Teve tempo para montar a equipe que disputaria o Paulista de 1996 e seria um espetáculo de futebol. Com craques do quilate de Rivaldo, Djalminha e Müller, o Palmeiras cravou a melhor campanha da história do futebol profissional em São Paulo até hoje. Foram 30 jogos, 27 vitórias, 2 empates e apenas 1 derrota. O time fez 102 gols.

– Aquele time de 1996 jogou o futebol mais bonito plasticamente, mas continuo pensando que o Palmeiras de 1994 foi o meu melhor time – afirma o treinador.

– Foi o melhor time em que eu joguei – crava o ex-atacante e hoje comentarista Müller, que tem larga experiência atuando em grandes equipes.

A próxima parada de Luxemburgo foi na Vila Belmiro. Em plena sintonia com o Rei Pelé e o presidente do Santos à época, Samir Abdul-Hak, o treinador comandou um processo de renovação radical no clube, que incluiu a reforma do estádio e a construção de um Centro de Treinamentos. O time foi campeão do Rio-São Paulo de 1997, derrotando o Flamengo, em pleno Maracanã. Foi o primeiro título conquistado pelo Santos desde 1984, o que aumentou ainda mais o prestígio de Luxemburgo.

Em vez da Europa, o Corinthians

O sucesso e a sequência de conquistas fizeram de Luxemburgo um candidato natural ao cargo de treinador da seleção brasileira. Seu nome também passou a ser cogitado para comandar equipes da Europa. Luxemburgo tinha boa relação com os empresários Francisco Monteiro e Fernando Torcal, que faziam muitos negócios com equipes europeias. O treinador esteve bem perto de acertar com o Deportivo La Coruña, da Espanha, e houve até um esboço de contrato feito num guardanapo de papel, numa reunião em um bar em São Paulo, mas o destino do treinador acabou sendo o Corinthians.

A exemplo do que ocorrera com o Palmeiras, o Corinthians havia estabelecido uma parceria na gestão do futebol. Um fundo de investimentos norte-americano chamado HTMF (Hicks, Muse, Tate and Furst) anunciou projetos ambiciosos para o clube. Entre eles, a contratação de grandes jogadores, a construção de um estádio e a montagem de um canal de TV exclusivo. Apenas a contratação de jogadores deu certo. O Corinthians ofereceu a Luxemburgo um timaço. Gente como o zagueiro paraguaio Gamarra, o colombiano Freddy Rincón, Marcelinho Carioca, Edílson, Vampeta e Ricardinho. A equipe foi vice-campeã paulista perdendo apenas um jogo, exatamente o segundo da fase final, contra o São Paulo. Houve muita polêmica cercando o embate. No primeiro jogo da decisão, o Corinthians havia vencido por 2 a 1, e a imprensa paulista classificou a partida como tendo sido um nó tático [expressão utilizada quando se quer destacar a estratégia de um treinador superando a de outro com uma grande sacada] de Luxemburgo em cima de Nelsinho Batista, do São Paulo.

Na segunda partida o São Paulo pôde contar com Raí, que estava no Paris Saint-Germain, e voltou a tempo de jogar. Raí voou baixo, o São Paulo venceu por 3 a 1, e Nelsinho desabafou ao final do jogo:

– Cadê o nó tático? Cadê o nó tático? – perguntava, aos berros.

Mas a sequência da temporada foi bem melhor para Wanderley Luxemburgo. À frente do Corinthians, ele travou uma emocionante batalha pela liderança na primeira fase do Brasileirão contra Luiz

Felipe Scolari, então no Palmeiras. O Corinthians terminou a etapa classificatória um ponto à frente do rival, e foi enfrentar o Grêmio na primeira etapa do "mata-mata". Depois eliminou o Santos e chegou à grande final contra o Cruzeiro, que tinha tirado da disputa o Palmeiras e a surpreendente Portuguesa.

O Cruzeiro tinha um belo time, com um ataque no qual brilhavam Müller e Fábio Júnior. As finais foram marcadas pelo equilíbrio: 2 a 2 no Mineirão, em Belo Horizonte, 1 a 1 no Morumbi . Somente no terceiro jogo, o Corinthians venceu por 2 a 0 e chegou ao seu segundo título nacional. Era o terceiro de Luxemburgo.

O caminho para a seleção brasileira estava pavimentado. Wanderley Luxemburgo foi anunciado como técnico em 11 de agosto de 1998. A estreia não foi das melhores, um empate por 1 a 1 com a Iugoslávia, no Maranhão. O primeiro objetivo era a Copa América, que seria disputada no Paraguai, no ano seguinte. O time base da Copa América tinha muitos jogadores que seriam campeões mundiais em 2002. O goleiro Dida, os laterais Cafu e Roberto Carlos, os meias Rivaldo e Ronaldinho Gaúcho, o atacante Ronaldinho, entre outros. Ronaldinho Gaúcho começava a ganhar prestígio. Na goleada por 7 a 0 sobre a Venezuela ele fez um lindo gol, aplicando um chapéu (ou lençol) num zagueiro adversário. O Brasil venceu a Copa América, derrotando o Uruguai por 3 a 1 na decisão.

A seleção ainda disputaria a Copa das Confederações em 1999, perdendo a decisão para o México, no México.

Inferno astral

Se acreditasse em astrologia, Luxemburgo certamente identificaria o ano de 2000 como o de seu "inferno astral". O calendário da seleção apontava as disputas das Eliminatórias para a Copa do Mundo e o Pré-Olímpico, visando aos Jogos de Sydney, Austrália. O Pré-Olímpico o Brasil tirou de letra. As complicações começaram durante as Eliminatórias. Dentro e fora de campo. Dentro, com o empate por 1 a 1 contra o Uruguai, dirigido pelo argentino Daniel

Passarella, no Maracanã. Logo depois, o Brasil perderia para o Paraguai para 2 a 1, em Assunção. Era apenas a segunda derrota do Brasil na história das Eliminatórias [a primeira havia sido em 1993, 2 a 0 para a Bolívia, em La Paz]. As críticas eram pesadas, mas houve um período de armistício com a grande vitória de 3 a 1 sobre a Argentina, no Morumbi, numa atuação de gala. Mas nova derrota, dessa vez para o Chile, por 3 a 0, em Santiago, detonou a crise.

Mais do que as derrotas, as críticas eram contra o fato de Luxemburgo ter decidido, em agosto de 2000, não levar nenhum jogador com mais de 23 anos para a Olimpíada. Havia um clamor popular pela presença de Romário. Mas pouca gente sabe que a decisão de não levar nenhum veterano foi um pedido dos jogadores da seleção olímpica, acatado por Luxemburgo. Vetado para a Olimpíada, Romário foi convocado para o jogo contra a Bolívia, pelas Eliminatórias.

Esse era o menor dos problemas de Luxemburgo. No final de agosto, a ex-secretária do treinador, Renata Alves, revelou ter sido sua amante e o acusou de ter sonegado impostos e intermediado a negociação de jogadores. As acusações foram reforçadas pelo meia Macula, que foi atleta de Luxemburgo no Palmeiras. O treinador passou a ser investigado pela Receita Federal, em meio à instalação da Comissão Parlamentar de Inquérito (CPI) do Futebol. Uma reportagem da revista *Época* revelou que Luxemburgo possuía dois registros de nascimento, com uma diferença de idade de quatro anos entre eles. O técnico afirmou que foi um equívoco de seu pai e admitiu ter problemas com suas declarações de impostos.

Na Olimpíada da Austrália a situação só piorou para Luxemburgo. O Brasil jogou mal, mesmo com craques do porte de Alex e Ronaldinho Gaúcho. Em 23 de setembro de 2000, nas quartas de final, o Brasil foi eliminado pela seleção de Camarões na morte súbita, por 2 a 1. O adversário, embora contasse com Samuel Eto'o, hoje craque internacional, sofrera duas expulsões e contava com apenas nove jogadores em campo. Dois anos após sua contratação, a situação de Luxemburgo na seleção brasileira ficou insustentável. No retorno ao Brasil, uma multidão foi ao aeroporto de Guarulhos, em São Paulo, para xingar o treinador. Embora acreditasse que continuaria à frente da seleção, Luxemburgo foi demitido em 30 de setembro de 2000. As derrotas nas Eliminatórias, somadas ao fracasso olímpico (sem a convocação de Romário) e aos problemas fora de campo precipitaram a saída de Luxemburgo da Seleção.

– Eu estava no lugar certo, na hora errada. Não era pra mim, a turbulência não era pra me atingir. O alvo não era eu. Fui usado para atingir outras pessoas. Um dia eu vou escrever isso em um livro, vou contar tudo, quem foi, por que foi, por que deram dinheiro para uma mulher dar uma entrevista. Algumas coisas que eu fiz eu não faria de novo, sem problema nenhum. Você vai amadurecendo. Foi muita covardia, nunca vi alguém ser tão massacrado, a não ser aquele caso da Escola Base [escola paulistana cujos donos foram acusados de pedofilia e, posteriormente, se provou que eles eram inocentes]. Todos sabiam da minha idade, que meu pai tinha feito isso num documento. E eu já tinha uma discussão anterior com a Receita Federal, tenho isso até hoje, estou na última instância para poder zerar tudo – defende-se o treinador.

Recomeço. E mais títulos

Embora com a reputação pessoal abalada, o prestígio de Luxemburgo como treinador continuava em alta. Em 2001 ele retornou ao Corinthians e foi campeão paulista pela quarta vez. No ano seguinte, mais uma volta a um clube onde tinha sido vencedor. Dessa vez, ao Palmeiras. Mas Luxemburgo percebeu que já não havia o poderio econômico dos tempos da parceria com a Parmalat e que a direção não pretendia investir no time de futebol. Em meio a resultados ruins, como a vexatória eliminação em pleno Palestra Itália da Copa do Brasil para o Asa de Arapiraca, de Alagoas, Luxemburgo deixou o Palmeiras no início do Campeonato Brasileiro de 2002 e foi treinar o Cruzeiro. O Palmeiras terminou rebaixado para a Série B, e muitos torcedores e dirigentes culpam Luxemburgo.

– Eu saí no início do campeonato, não posso ser culpado pelo rebaixamento. Naquela época eu não concordava com algumas coisas no clube – explicou o treinador.

No Cruzeiro, Luxemburgo recuperou seu prestígio. Foi campeão mineiro, da Copa do Brasil e do Brasileiro na temporada 2003. O time era impecável, comandado em campo pelo meia Alex, ex-Palmeiras. No Brasileirão, que pela primeira vez fora disputado no sistema de pontos corridos em turno e returno, o Cruzeiro somou 100 pontos e fez 102 gols, abrindo 13 pontos de vantagem sobre o vice-campeão. Num período de dez anos, Luxemburgo conquistava seu quarto título brasileiro. Quando preparava o Cruzeiro para a temporada de 2004, tendo inclusive pedido a contratação de Rivaldo, o treinador foi demitido.

Rapidamente foi contratado pelo Santos e, superando um campeonato equilibrado e que foi dominado até as rodadas finais pelo Atlético Paranaense, chegou ao seu quinto título nacional. Um dos maiores dramas de sua carreira foi administrar a tensão gerada pelo sequestro da mãe do atacante Robinho, o maior ídolo do clube, durante a competição.

Aventura galáctica

Em dezembro de 2004, Wanderley Luxemburgo foi contratado pelo Real Madrid, da Espanha. O Real brilhava no marketing, com a formação de uma equipe chamada de galáctica, tamanha a quantidade de estrelas. O francês Zidane, o português Luís Figo, o espanhol Raúl, Ronaldo Fenômeno, o argentino Samuel, o inglês Michael Owen. Dentro de campo o que se via era mais marketing do que futebol.

O jogo que talvez marque a passagem de Luxemburgo pelo Real foi justamente a estreia do treinador em Madri. Durou apenas sete minutos. Isso porque a partida pelo Campeonato Espanhol tinha sido interrompida em 12 de dezembro de 2004, quando faltavam sete minutos para o final e estava empatada por 1 a 1. Uma ameaça de bomba fez com que o estádio Santiago Bernabeu fosse evacuado às presas.

Em 5 de janeiro, a partida foi retomada. Luxemburgo comandou um treino no próprio dia do jogo e armou o Real Madrid para abafar o rival. Foram sete minutos intensos e encantadores, que culminaram com um gol de Zidane que deu a vitória ao Madrid por 2 a 1.

Em dezembro de 2005 Luxemburgo foi demitido pelo Real. Em quase um ano de trabalho comandou o time em 44 partidas, com 27 vitórias, 6 empates e 11 derrotas. A falta de títulos contribuiu para sua saída, mas os principais motivos foram a dificuldade de relacionamento com os jogadores espanhóis e o problema com o idioma.

O Santos não perdeu tempo e acertou o retorno de Luxemburgo ao clube para a temporada 2006. Sem conquistar o título estadual desde 1984, o time da Baixada foi campeão contra o São Paulo, numa campeonato que durou até a última rodada. No Brasileiro a equipe conseguiu o quarto lugar e se classificou para a Taça Libertadores, título que ainda falta na prateleira de Luxemburgo até hoje.

Em 2007, o Santos conquistou o bi do Paulista, a sétima conquista de Luxemburgo nessa competição, mas parou nas semifinais da Libertadores da América, contra o Grêmio. No Campeonato Brasileiro, Luxemburgo foi vice-campeão. Seu trabalho, porém, foi ofuscado pelo de Muricy Ramalho, que conquistou o bicampeonato com o São Paulo. Luxemburgo sequer foi indicado como um dos três melhores técnicos da temporada no prêmio oferecido aos Melhores do Brasileirão, fato que irritou o treinador.

O próximo desafio seria um retorno ao Palmeiras, clube que o apresentou para o cenário nacional. Numa situação bastante parecida com a da primeira passagem: o clube sem títulos expressivos desde 1999 e uma nova parceria (a empresa de marketing esportivo Traffic) a injetar dinheiro para contratações. Após um início reticente, o Palmeiras se firmou e conquistou o título em 2008, o oitavo paulista da carreira de Luxembugo, goleando a Ponte Preta por 5 a o na decisão.

O fato é que Luxemburgo tem números incontestáveis. Oito títulos paulistas, cinco brasileiros, uma Copa do Brasil, uma Copa América. É apontado de forma quase unânime como o maior treinador em atividade no país. Ao ponto de jogadores escolherem o clube em que ele trabalha para atuar quando têm mais de uma opção. Seu projeto é trabalhar como técnico até os 60 anos de idade e depois disso partir para um novo desafio: ser presidente de um clube de futebol, de preferência o Flamengo, seu time do coração.

Luxemburgo trabalhando na Academia do Palmeiras, em 2008.

ENTREVISTA:

ALEX

"Luxemburgo é agregador, trabalhador, moderno, insatisfeito."

De tempos em tempos, graças à abundância de bons jogadores, acontece alguma grande injustiça no futebol brasileiro. Jogadores fantásticos como Ademir da Guia, Julinho Botelho, Evaristo de Macedo, entre outros, pouco ou sequer participaram de uma Copa do Mundo. O talentoso meia Alex, ex-Coritiba, Palmeiras, Parma e Cruzeiro, atualmente no Fenerbahce, da Turquia, é protagonista de uma dessas injustiças.

Alexsandro de Souza nasceu em Curitiba, Paraná, em 14 de setembro de 1977. É um dos últimos remanescentes de uma espécie tipicamente brasileira de jogador: o camisa 10 clássico. Críticos teimam em chamá-lo de lento, disperso, inclusive dando o maldoso apelido de Alexotan, numa referência a um remédio calmante. Felizmente, para quem gosta de bom futebol, Alex nunca se deixou levar pelas críticas. Mais maduro e experiente, ele chegou ao ápice no emergente futebol turco. É ídolo do Fenerbahce.

Quando vivia um de seus melhores momentos e sonhava com a disputa de uma Copa do Mundo, a de 2002, enfrentou a desilusão de ser preterido do grupo que seria campeão mundial. Mas na temporada seguinte, em 2003, Alex mostrou que havia, sim, lugar para ele na campanha do penta. Liderou o Cruzeiro em uma temporada mágica, com as conquistas do Campeonato Mineiro, Copa do Brasil e Campeonato Brasileiro. Sob o comando de Wanderley Luxemburgo. O treinador tem grande apreço pelo futebol de Alex.

A recíproca é verdadeira. Neste bate-papo, Alex conta detalhes do sucesso de Wanderley Luxemburgo sob o ponto de vista do jogador de

futebol e explica por que o considera o melhor treinador com quem já teve a oportunidade de trabalhar.

Quando você conheceu o trabalho de Wanderley Luxemburgo?
Em 1998, quando fui convocado pela primeira vez para a seleção brasileira principal. Depois tive mais duas oportunidades, em 2002, no Palmeiras, e depois, de 2002 até 2004, no Cruzeiro.

Ao trabalhar diretamente com Luxemburgo, como atleta, você pôde constatar que ele é, realmente, um treinador diferenciado? Por quê?
Ele é diferente! Muito preocupado com todos os detalhes inerentes ao grupo. Procura agregar em todos os sentidos. Principalmente ao dar todas as observações a respeito dos adversários a serem enfrentados.

Luxemburgo considera você o jogador mais inteligente taticamente com quem ele já trabalhou. Você costumava conversar com ele sobre o jogo, a formação da equipe, dava sugestões? Como ele reagia?
Nunca dei palpite em formação de time, até mesmo porque ele não permite que isso aconteça. E nem eu gosto de fazer isso. Mas sempre o questionava. Por que concentrar hoje? Por que vamos marcar pressão? Sempre tenho vários porquês. E assim discutíamos sobre tudo.

Houve algum momento, um jogo em especial, ou um instante do jogo, em que você percebeu todo o conhecimento e a capacidade de Luxemburgo em ação como treinador? Uma situação em que você parou e pensou: esse cara é realmente muito bom?
Vários! O que mais me marcou foi a preparação para a decisão da Copa do Brasil de 2003, pelo Cruzeiro, contra o Flamengo. Empatamos o jogo no Maracanã, num domingo. Ele invadiu o gramado e falou um monte pra o Simon [Carlos Eugênio Simon, árbitro gaúcho do quadro da Fifa]. No vestiário ele me disse que tinha sido para tirar o foco. Porque tínhamos perdido os dois zagueiros, e só havia o Luisão para a defesa, voltando de contusão. E ele (Luxemburgo) iria promover a estreia do Gladstone na decisão.

Alex comemorando gol como atacante do Fenerbahce, em 2007.

De que maneira você define Wanderley Luxemburgo como técnico de futebol?
Agregador, trabalhador, moderno, insatisfeito. Nunca está bom para ele. Sempre podemos melhorar.

Ele é o melhor treinador com quem você já trabalhou?
Sem dúvida nenhuma. E olha que me sinto lisonjeado porque trabalhei com vários treinadores de boa qualidade.

Uma das principais qualidades apontadas em Luxemburgo é a capacidade para montar times, aliada à velocidade para perceber o que se passa no jogo e promover mudanças. Você concorda com essa análise? Tem exemplos?
É só olharmos as equipes que ele montou ao longo de sua carreira. Os laterais vão para o apoio tranquilos, por que sabem que atrás terão boa cobertura. Muita movimentação do meio para a frente.
Os exemplos são suas equipes.

Você viveu alguns de seus melhores momentos com Luxemburgo. No Palmeiras, no Cruzeiro e na seleção brasileira. Pode-se, então, afirmar, que vocês formam uma parceria de sucesso? A mesma confiança que ele deposita em você encontra reciprocidade da sua parte?
Sim, sem dúvida. Nós enxergamos as coisas de maneira parecida e temos confiança naquilo que acreditamos. O pior para um jogador de futebol é o treinador fazer um pedido e você não acreditar naquilo. E com o Wanderley isso não acontece. Ele usa as características do atleta em prol do time. Não impõe que o atleta se insira no desejo dele.

Você é um dos brasileiros de maior sucesso no futebol da Europa. Luxemburgo teve uma passagem como técnico pelo Real Madrid. Você avalia como, de longe, essa experiência? Acha que ele é um nome que ainda interessa ao mercado europeu?
O Wanderley necessita de tempo, e isso ele não teve. Aliás, nesse período do Real ninguém teve. E também o sistema, o método de trabalho da Europa, é tudo diferente do Brasil. Mas pela sua qualidade e capacidade, já comprovadas, se alguma equipe tiver um projeto de no mínimo três anos, acredito que ele tenha mercado na Europa, sim.

Se você pudesse escolher um ou alguns trabalhos marcantes dos quais participou como atleta de Luxemburgo, quais destacaria? Um time em especial, uma conquista?
A Copa do Brasil em 2003, com o Cruzeiro. Ele (Luxemburgo) promoveu a estreia do Gladstone (contratado pelo Palmeiras em 2008). Na preleção, ele deu dois pacotes para o Gladstone e um para cada jogador do restante do grupo. Pediu para o Glad abrir o pacote diferente, e nele estava uma fralda. Nos nossos pacotes havia uma faixa de campeão. Aí ele disse ao Gladstone: "ou sai campeão, ou se caga". E o menino saiu campeão, juntamente conosco.

CAPÍTULO 10

FELIPÃO

A cara de poucos amigos
esconde um treinador parceiro
dos jogadores, craque na arte
da motivação e profundo
conhecedor dos segredos
do futebol.

Entre os grandes treinadores do futebol brasileiro, a trajetória do gaúcho Luiz Felipe Scolari talvez seja a mais improvável. Zagueiro de estilo tosco e viril, Felipão, como ficou conhecido graças ao físico avantajado, perambulou por equipes pequenas e médias do interior do Rio Grande do Sul e do Nordeste. Ele era tudo menos um zagueiro de estilo clássico. Sempre fez questão de dizer que não queria ser estiloso. Seu futebol era feito de esforço, aplicação e dedicação.

"Um dia eu vou vencer"

Foi com base nesses conceitos que o tosco zagueiro Scolari se transformou em um dos maiores treinadores do Brasil. Seus times traduzem um pouco da maneira com que esse gaúcho de Passo Fundo, nascido em 9 de novembro de 1948, encara a vida. Se fosse possível definir em três palavras o tão comentado estilo Felipão, elas seriam: família, trabalho e superação. Filho de descendentes de italianos do interior gaúcho, Scolari aprendeu cedo a respeitar e a gostar de trabalho. A família teve granja, bar e sempre trabalhou duro e com dignidade. Luiz Felipe cresceu sob esses ensinamentos e logo se encantou com o futebol. Muito por influência dos irmãos maristas, que comandavam o Colégio Nossa Senhora da Conceição, em Passo Fundo, onde Scolari estudou. Naqueles tempos de memoráveis peladas no campinho do colégio, Scolari já vaticinava, sempre que ironizavam sua falta de habilidade: "Um dia eu vou vencer".

Até que esse dia chegasse, muita coisa aconteceu. Antes de virar um símbolo do Grêmio Football Porto-Alegrense como treinador, Scolari fez teste para ser jogador no Internacional, por volta de 1966. Foi aprovado, mas o salário de faz-tudo num posto de gasolina era

mais importante. A falta de talento com a bola nos pés fazia com que ele fosse buscar recursos financeiros em outras fontes. Chegou a acumular as funções de jogador profissional, professor de educação física e estudante.

Foi meio por acaso que Scolari virou treinador de futebol. Em 1982, era zagueiro do CSA, de Alagoas, quando o técnico Walmir Louruz, companheiro como jogador e amigo, precisou deixar o clube por causa de problemas pessoais. Louruz indicou Scolari para o cargo. Ele ficou pouco tempo, mas depois daria novo passo na carreira em seu território, o Rio Grande do Sul, comandando o Juventude e iniciando um périplo por várias equipes da região. Logo seu estilo de trabalho revelava a forte influência de um ex-treinador nos seus tempos de atleta: Carlos Froner, o Capitão Froner, uma lenda do futebol dos pampas. Falecido em 2002, Froner foi um dos expoentes do que ficou conhecido como o estilo gaúcho de se jogar futebol. Seriedade e competitividade acima de tudo. Muito do Felipão ranzinza com os jornalistas, gritão com os jogadores na frente das câmeras, mas protetor e paizão nos vestiários e concentrações, foi copiado de Froner.

O pagador de promessas

Bom gaúcho, Felipão sempre comandava seus times tendo em mente que havia amigos e inimigos. Chimangos (borgistas) ou maragatos (federalistas). Quem é gaúcho ou conhece um gaúcho sabe que naquelas plagas é tudo assim. Em resumo: ou Inter ou Grêmio. A dualidade faz a alma do gaúcho. Felipão fez disso uma de suas características como treinador. Identificava claramente o adversário e fechava seu grupo em torno do estilo familiar de comando. Desconfiava de tudo e de todos que não estivessem do seu lado da fronteira.

Rapidamente ganhou prestígio como treinador de equipes modestas no Rio Grande do Sul. Em meados dos anos 1980 apareceu uma oportunidade para trabalhar na Arábia Saudita, e ele seguiu para o Oriente

Médio. Já levava como fiel escudeiro Flávio Teixeira, o Murtosa, parceiro desde os tempos de Brasil de Pelotas. Scolari perambulou pelo Oriente Médio seguindo a trajetória de muitos treinadores brasileiros, que praticamente ensinaram o futebol por aquelas bandas. Quando estourou a Guerra do Golfo, em 1990, os brasileiros bateram em retirada. E nasceu um hábito em Scolari. O compadre Walmir Louruz ficou encurralado no Kuwait invadido pelas forças de Saddam Hussein. Scolari fez promessa para Nossa Senhora do Caravaggio, de quem é devoto. Se o compadre escapasse da guerra, caminharia de Caxias do Sul a Farroupilha, onde está a igreja dedicada à santa, uns bons 15 quilômetros. Desde então, a cada conquista, repete o trajeto.

De Criciúma para o mundo

Entre idas ao Oriente Médio, Scolari dirigiu Coritiba, Goiás e Caxias, sempre em passagens muito rápidas. Foi apenas em 1991 que passou a ser realmente conhecido no futebol brasileiro. Scolari colocou em prática tudo que havia aprendido pelos campos do Sul e do Oriente Médio no modesto time do Criciúma, no qual brilhavam o ponta Jairo Lenzi e o centroavante Soares. O Tigre catarinense foi deixando pelo caminho favoritos como Atlético Mineiro e Goiás até chegar à final contra o Grêmio, justamente o time do coração de Scolari. A conquista da Copa do Brasil pelo Criciúma projetou o nome de Scolari pelo Brasil e inaugurou uma nova era no futebol brasileiro, a da ascensão das equipes médias e pequenas. Depois do Criciúma, Juventude, Santo André e Paulista de Jundiaí já venceram a Copa do Brasil. Mas isso é outra história.

A história de Felipão precisava mesmo ser escrita através do Grêmio. Ele voltou ao Olímpico em 1993 para comandar a maior fase da história do clube. A coleção de títulos conquistada por Scolari inclui um bi gaúcho (1995 e 1996), a Copa do Brasil de 1994, a Libertadores de 1995, o Brasileiro e a Recopa de 1996. Fábio Koff, veterano dirigente que presidia o Grêmio nessa época, disse que a fase de ouro

do Tricolor gaúcho era uma ideia, e essa ideia chamava-se Luiz Felipe Scolari. Ideia que parecia maluca para muitos gremistas. Afinal, Felipão estava apostando em jogadores de carreira duvidosa como Jardel, em baixa no Vasco, e os volantes Dinho e Luiz Carlos Goiano. Mas a fórmula funcionou.

O Grêmio era, de fato, o time mais competitivo do Brasil em meados dos anos 1990. Marcava forte, mas também jogava. Sabia ser decisivo nas bolas paradas, com o paraguaio Arce, ou então com Paulo Nunes e Roger cruzando para um recuperado Jardel. Por puro preconceito, despeito ou desinformação, o Grêmio era visto com desprezo no Rio e em São Paulo. E respondia com desprezo dentro de campo, faturando tudo que encontrava pelo caminho. O Grêmio eliminou Corinthians e Palmeiras da Copa Libertadores, enfrentava todos os adversários de igual para igual em qualquer canto do país e construiu a fama de time copeiro [chama-se de copeiro no futebol o time que tem perfil guerreiro, brigador, acostumado a se sair bem em competições com jogos de ida e volta, no estilo mata-mata, as Copas, e que faz ótimo uso do fato de jogar em casa], afeito a jogos eliminatórios e a batalhas épicas. Em especial contra o Palmeiras surgiu uma rivalidade acirrada. Com vitórias e derrotas de ambos os lados como as goleadas de 5 a 0 para o Grêmio e 5 a 1 para o Palmeiras na Libertadores de 1995.

“Bota o gesso, Arce!”

Depois de resistir a várias propostas do Japão, Felipão acabou aceitando uma e deixou o Grêmio após a conquista do Brasileirão de 1996, vencendo a Portuguesa por 2 a 0 no Olímpico. Essa conquista foi exemplar no que se refere aos métodos do treinador e seus incríveis artifícios. Após a derrota para a Portuguesa por 2 a 0 no primeiro jogo da decisão, no Morumbi, Felipão sentiu que precisava fazer algo. Mexer com seu time e jogar a responsabilidade para o adversário. Muitos de seus jogadores estavam contundidos, a maioria com problemas leves, de fácil solução. Mas o treinador armou um cenário desolador.

Nos primeiros treinamentos da semana no campo suplementar do estádio Olímpico parecia que o Grêmio tinha voltado de uma guerra. Felipão mandou que alguns jogadores nem fossem a campo e pediu ao atacante Paulo Nunes que sentasse ao lado dos jornalistas com uma bolsa de gelo no pé direito.

– Tá doendo muito, acho que não vai dar – repetia Paulo Nunes a cada pergunta da imprensa.

– Assim vai ser difícil juntar 11 para entrar em campo – choramingava Felipão.

Puro teatro. Mas o ponto alto da encenação envolveu o lateral-direito paraguaio Arce, um dos melhores do time, com seus cruzamentos perfeitos. Felipão mandou o médico do clube fazer uma bota de gesso para o pé direito de Arce, que estava 100%.

– Tu sobes lá e passa na frente dos fotógrafos – ordenou o treinador.

Com dificuldades óbvias para se locomover, graças ao gesso de mentirinha, Arce impressionou ao ponto de a imprensa cravar sua ausência na final. O argumento oficial era de que o lateral faria tratamento intensivo até o dia do jogo. Mas Arce foi enviado secretamente a um clube próximo de Porto Alegre, onde ficou treinando sozinho, aprimorando os cruzamentos.

No dia da decisão, Arce jogou muito e Paulo Nunes fez o primeiro dos dois gols do título gremista.

Calando o ministro e a Turma do Amendoim

Campeão brasileiro, Scolari foi treinar o Jubilo Iwata, no Japão, e voltou ao Brasil na metade de 1997, apresentado como novo treinador do Palmeiras. Sua missão: levar o time à desejada conquista da Libertadores da América. Felipão teve muitos problemas ao chegar a São Paulo. Primeiro por ter mentido quanto à negociação. Segundo porque, acostumado à dualidade Inter e Grêmio, achava que em São Paulo acontecia o mesmo: ou as pessoas eram do Palmeiras ou

contra o Palmeiras. Teve discussões e até agrediu jornalistas. Protagonizou uma grande polêmica quando em uma palestra sua foi flagrado por microfones de TV revelando que pedia para os jogadores do Palmeiras chegarem mais duro em Edílson, do Corinthians, com termos pra lá de obscenos. Mas incendiou o time para a semifinal da Libertadores de 2000, e o Palmeiras, que era mais fraco, eliminou o Corinthians.

Também houve polêmicas de alto escalão que ajudaram a aprimorar o estilo Felipão. Após uma derrota do Palmeiras no estádio Palestra Itália, o então ministro da Saúde José Serra, palmeirense fanático, mostrou seu lado corneteiro [Havia uma fábrica de instrumentos musicais chamada Corneta perto do Palestra Itália. Nos intervalos de almoço, os funcionários se divertiam vendo os treinos do Palmeiras. Muitos ironizavam os jogadores a cada erro. Daí surgiu o apelido "corneteiro" para os torcedores do Palmeiras, normalmente muito exigentes com os jogadores do time] e desfilou críticas ao trabalho de Scolari. O treinador, direto como sempre, não economizou na resposta:

– O ministro deveria cuidar da Saúde no Brasil, que anda precária. Ainda bem que tenho um bom plano.

O treinador ainda atualizou o vocabulário comportamental dos palmeirenses. Tradicionalmente, os torcedores mais chatos do Verdão são chamados de corneteiros. Irritado com a perseguição de alguns deles, que ficavam nas cadeiras sociais, Felipão chamou-os de Turma do Amendoim, revelando o petisco preferido dos críticos. O apelido pegou.

Polêmicas à parte, Felipão passou pelo Parque Antártica como havia passado pelo Olímpico: colecionando troféus. Foi campeão da Copa do Brasil e da Copa Mercosul em 1998, venceu a Libertadores de 1999 e o Rio-São Paulo de 2000. Só saiu após a derrota para o Boca Juniors na final da Libertadores de 2000. Há quem diga que a conquista palmeirense na Copa dos Campeões de 2000, comandada pelo fiel escudeiro de Felipão, Murtosa, foi, na verdade, o último título de Scolari no Palmeiras, tamanha sua influência no clube. A passagem do treinador pelo Palmeiras mudou o perfil do clube, do time e da torcida. Acostumados a times sofisticados, de toque de bola refinado, os palmeirenses aprenderam a admirar equipes mais raçudas. O estádio Palestra Itália se transformou num alçapão, e a torcida promovia autênticas procissões para acompanhar os jogos da Libertadores. A exemplo do que fizera no Grêmio, Felipão se tornou sócio do Palmeiras e aprendeu a gostar do clube, muito por causa das raízes italianas de ambos. Até hoje mantém contato com os dirigentes e é ouvido antes de contratações de técnicos e jogadores, como um consultor importante. A exemplo do que acontece com o Grêmio. Houve problemas com jornalistas, mas Felipão também construiu sólidas amizades com alguns dos que cobriam sua trajetória em São Paulo e chegava até a ajudar a conseguir emprego para repórteres no sul quando havia cortes nas emissoras de rádio paulistas.

Uma de suas principais características ficou marcada após os tempos de Palmeiras. Felipão sabe como poucos dissimular quando o assunto não lhe convém. Vejamos, por exemplo, a reprodução de um diálogo corriqueiro nas entrevistas coletivas na Academia do Palmeiras, em dias de humor tipicamente "scolariano":

– Felipão, o que você acha do time adversário?

– Bah! Não acho nada, não tenho sorte.

– Mas Felipão, você não acha que o time que vai enfrentar o Palmeiras tem a defesa fraca?

– Humpf. Isso é tu que estás dizendo.

Surge a Família Scolari

Mudou de um Palestra Itália para outro em 2000, trocando o Palmeiras pelo Cruzeiro. Conquistou a Copa Sul-Minas de 2001, e nem a derrota exatamente para o Palmeiras nas semifinais da Libertadores de 2001 parecia atrapalhar sua trajetória no clube mineiro. Mas havia outra missão esperando por Scolari. Em plena disputa das Eliminatórias da Copa do Mundo de 2002, a seleção brasileira vivia uma das piores crises de sua história. O time andava mal, vinha de duas derrotas seguidas, para Chile e Paraguai, e a situação do técnico Wanderley Luxemburgo era crítica. Além das derrotas, Luxemburgo enfrentava enorme pressão por causa de problemas relacionados ao imposto de renda. Fora isso, havia uma tentativa de pas-

sar a limpo o futebol brasileiro com uma CPI no Congresso Nacional. Emerson Leão foi chamado para assumir o time, mas ficou apenas até a Copa das Confederações em 2001, sendo demitido por telefone, após a eliminação do Brasil.

Felipão foi chamado e aceitou o desafio. Teria pela frente cinco jogos nas Eliminatórias e a Copa América, na Colômbia, açoitada pelo terrorismo. Resolveu encarar a Copa América, acreditando que poderia utilizá-la para encorpar o time. O primeiro desafio nas Eliminatórias era o Uruguai, em Montevidéu. Felipão apostou alto naquele jogo, convocou craques consagrados da última Copa, como Cafu, Roberto Carlos, Rivaldo. Chamou Romário, que era, como o treinador, unanimidade nacional, relacionou uma geração intermediária de jogadores de sucesso na Europa, mas sem passado com a seleção, e fechou a lista com atletas que estavam em boa fase no Brasil. Quebrou a cara. O Brasil jogou mal e perdeu por 1 a 0 para o Uruguai. Para o imaginário popular, foi ali que Romário disse adeus à Copa de 2002. Circulou a história de que ele teria passado a noite anterior ao jogo em animado convescote com duas comissárias de bordo.

Na verdade, a decepção de Scolari com Romário veio logo depois, na convocação para a Copa América. Muitos dos principais jogadores pediram dispensa alegando cansaço ou problemas físicos, como Roberto Carlos e Cafu. Mauro Silva desistiu no aeroporto, alegando que sua família estava preocupada com a questão do terrorismo na Colômbia. Romário alegou precisar fazer uma cirurgia para correção de miopia e também não atendeu à convocação. Mas para surpresa de Scolari (conta ele mesmo no livro *Felipão, a alma do penta*, de Ruy Carlos Ostermann), Romário excursionou com o Vasco no mesmo período da Copa América. Ali ele assinou seu corte da seleção que seria pentacampeã.

Remendada, a equipe foi para a Copa América como um animal vai para o matadouro. Perdeu para o México, ganhou do Peru e do Paraguai, mas amargou uma eliminação vergonhosa para Honduras, nas quartas de final. Romário ganhava força nos bastidores do poder do futebol e junto aos torcedores. Mas Felipão bateu o pé e apostou no que ficaria conhecido com a Família Scolari. Procurou fechar um grupo de jogadores comprometidos em tirar o futebol do Brasil da lama com a promessa do "paraíso" na Copa do Mundo.

O desafio seguinte nas Eliminatórias era contra o Paraguai, no Brasil. Felipão pediu à CBF que o jogo fosse em Porto Alegre, no Estádio Olímpico, do Grêmio. Chamou o povo gaúcho para ajudar o Brasil como tinha feito em tantas guerras e foi atendido. Em clima de festa e comoção, um Brasil com cara de Grêmio venceu por 2 a 0. O desafio seguinte, contra a Argentina, em Buenos Aires, foi um duro revés. Derrota de virada por 2 a 1 e uma enxurrada de críticas, apesar de o rival estar em grande fase. O próximo jogo foi contra o Chile, em Curitiba, uma tranquila vitória por 2 a 0. Faltavam apenas dois jogos. Um deles, contra a Bolívia e a sempre temida altitude de La Paz. Desastre total, derrota por 3 a 1. Restava o desafio final contra a Venezuela, marcado para São Luiz do Maranhão. Parece impossível, mas havia quem temesse pela sorte do Brasil, mesmo contra um time sem tradição alguma. Reflexo das crises dentro e fora de campo que assolaram o futebol brasileiro. A vitória por 3 a 0, com grande atuação do atacante Luizão, terminou com a agonia e confirmou o Brasil na Copa.

Até a estreia no Mundial de 2002, contra a Turquia, Felipão precisou derrotar um duro adversário: a cobrança pela presença de Romário na seleção. O técnico chegou a ser ofendido nas ruas do Rio de Janeiro no dia da convocação final para a Copa. Mas vetou Romário e apostou na recuperação de Ronaldo Fenômeno, que vinha travando uma dura batalha contra as seguidas contusões, em especial a ruptura do tendão patelar do joelho direito em 2000. Outra aposta do treinador seria o habilidoso Djalminha, ex-Palmeiras, que estava em alta no La Coruña, da Espanha. Mas os seguidos episódios de indisciplina de Djalminha fizeram com que Felipão resumisse seu cacife ao Fenômeno. O resultado o mundo já sabe.

Ainda que com percalços, o Brasil foi pentacampeão mundial, Ronaldo e Rivaldo (outra aposta, mas menos ousada) arrebentaram no Japão e na Coreia. A ideia da Família Scolari foi comprada pelos jogadores, e a Copa passou sem histórias de brigas, rebeliões e com um ambiente literalmente familiar. Dois "escândalos" foram rapidamente controlados porque nada tinham de escândalos. A suposta descoberta

de uma revista pornográfica que ajudaria a "relaxar" os jogadores e uma foto de Felipão ao lado de uma bela tradutora sul-coreana. Foto comportada, diga-se, no ônibus da delegação, uma dessas fotos de férias.

Claro que houve mágoas. O meia Alex, ex-Palmeiras e Cruzeiro, destaque do Fenerbahce, da Turquia, não disfarça a decepção com o treinador. Ele afirma que Felipão, que o tinha como líder no Palmeiras, tinha assegurado sua presença na Copa de 2002 e não cumpriu a palavra.

Navegar é preciso

Na volta ao Brasil, Felipão era celebridade e unanimidade. O jeitão sisudo e às vezes briguento escondia, na verdade, um sujeito de hábitos simples, educação tradicional, apegado às raízes e tremendamente desconfiado. Em 11 anos como treinador de projeção nacional, tinha construído uma carreira invejável e um currículo fantástico.

Em novembro do ano do penta, a Federação Portuguesa de Futebol anunciou a contratação de Luiz Felipe Scolari como técnico de sua seleção principal. Mais um desafio com a cara de Felipão. De início, houve forte rejeição dos treinadores portugueses e de parte da imprensa. Chegou-se a divulgar a versão de que ele não poderia trabalhar em Portugal por não ter registro como treinador de futebol no país. De novo, Felipão tirou da cartola a Família Scolari, agora com sotaque lisboeta. De novo havia problemas a solucionar com estrelas. As principais eram o goleiro Vítor Baía e o talentoso atacante Luís Figo. O próximo desafio era a Eurocopa, que seria disputada em 2004, em Portugal.

Com sua rara capacidade de motivar grupos, Felipão levou uma talentosa geração de jogadores portugueses *a mares nunca d'antes navegados*. Suportou polêmicas quando convocou o meia Deco, um brasileiro naturalizado. Soube contornar crises e os estrelismos de Figo. No verão europeu de 2004, Felipão havia transformado o jeito português de ver futebol e, principalmente, sua seleção. Havia um entusiasmo gaúcho contaminando a eterna melancolia lusitana. Ele contagiou o país com seu discurso, e as bandeiras invadiram ruas e janelas.

– Antes de ser treinador, ele é amigo dos jogadores. Isso faz com que os jogadores sintam-se mais à vontade e façam tudo pela seleção – afirmou, à época, o lateral Miguel.

Nem a derrota para a Grécia na final da Eurocopa, por 1 a 0, abalou o prestígio de Felipão. Ele seguiu à frente de Portugal, perfeitamente adaptado ao país. Na Copa do Mundo de 2006, conduziu a seleção pela segunda vez a uma semifinal de Copa do Mundo, repetindo, 40 anos depois, o feito de outro brasileiro, Otto Glória [o treinador levou Portugal a uma terceira colocação na Copa de 1966, na Inglaterra]. O quarto lugar foi saudado com festa pelos portugueses.

Em 2008, Felipão transformou Portugal em favorito para a Eurocopa da Suíça/Áustria. O time mostrou bom futebol, mas foi eliminado nas quartas de final, pela Alemanha (3 a 2). Ainda durante a fase classificatória da Euro, na concentração portuguesa na cidade suíça de Neuchatel, Felipão confirmou sua contratação pelo Chelsea, da Inglaterra. Seu próximo desafio é fazer do time, comprado pelo bilionário russo Roman Abramovich, uma potência europeia. Ou seja: conquistar o título da Champions League.

A verdade é que aquele zagueirão tosco do interior gaúcho que um dia jurou vencer na vida conseguiu mais que isso. Muito mais.

Felipão sorri durante entrevista como treinador do Chelsea.

Arce marca Romário no clássico Flamengo x Palmeiras.

ENTREVISTA:

ARCE

"Felipão é meu segundo pai. O melhor técnico com quem trabalhei."

Francisco Javier Arce Rolón é, sem dúvidas, um dos melhores jogadores de futebol já nascidos no Paraguai. Começou a carreira no Cerro Porteño, time local, se firmou, chegou à seleção nacional e também fez história e fama jogando por dois dos maiores times do Brasil: Grêmio e Palmeiras.

Jogador inteligente, de rara consciência tática, se consagrou, principalmente, pela qualidade do pé direito. Através de cruzamentos precisos, chutes envenenados e cobranças de falta mortais, ajudou gremistas e palmeirenses a comemorar muitos títulos, entre eles dois da Taça Libertadores da América – uma de cada clube. A precisão nos chutes, Arce revela, foi inspirada em um ex-jogador do Cerro Porteño e do América de Cáli, da Colômbia, chamado Juan Manuel Battaglia [ex-meia e atacante paraguaio que atuou nos anos 1970 e 1980. Jogou pelo Nacional e pelo Cerro Porteño, do Paraguai, e pelo América de Cáli,. Foi seis vezes campeão nacional pelo América, time do qual é ídolo].

A eficiência de Arce era tamanha que gente muito séria chegou a afirmar que, se tivesse nascido deste lado da fronteira, Arce seria titular da seleção brasileira. Mas ele foi membro da paraguaia, tendo disputado uma Olimpíada, a de Barcelona, em 1992, e uma Copa do Mundo, a da França, em 1998. Entre os muitos prêmios que recebeu, foi eleito duas vezes o melhor lateral-direito do Campeonato Brasileiro, em 1996 e 1998, e o melhor lateral-direito da América do Sul, entre 1996 e 2000, na tradicional eleição realizada pelo jornal *El País*, do Uruguai.

Arce jogou no Brasil 8 dos 13 anos de sua carreira, sendo 3 no Grêmio e 5 no Palmeiras. Desses 8 anos, 6 foram passados sob o comando de Luiz Felipe Scolari. Também atuou pelo Gamba Osaka, do Japão, e

pelo Libertad, do Paraguai. Após encerrar a carreira de atleta, iniciou a de técnico no modesto time paraguaio do Rubio Ñu, do bairro de Santíssima Trindade, em Assunção. O gerente do Rubio Ñu, que disputa a Segunda Divisão paraguaia, também é outro mito do futebol guarani, o zagueiro Gamarra, que no Brasil jogou por Inter, Corinthians e Palmeiras. Gamarra não hesita em afirmar que Arce será, em breve, técnico da seleção paraguaia.

Arce já fez um estágio de dez dias com Luiz Felipe Scolari, em Portugal, para recordar e aprimorar alguns dos ensinamentos que já havia recebido no Grêmio e no Palmeiras. Acompanhou, em novembro de 2007, todo o trabalho de Felipão com a seleção portuguesa para os jogos das Eliminatórias Europeias contra Armênia e Finlândia. O meia Alex, que jogou com Arce no Palmeiras e dividia o quarto com o lateral nas concentrações, recorda que o companheiro, ainda nos tempos de jogador, fazia muitas anotações sobre as táticas de jogo do Palmeiras e dos adversários.

Nesta entrevista, Arce fala de seu trabalho com Luiz Felipe Scolari e das lembranças com o seu treinador, de quem é amigo muito próximo e admirador confesso.

Quando aconteceu seu primeiro contato com o trabalho de Luiz Felipe Scolari? Antes você já tinha ouvido falar dele?
O primeiro contato foi quando fui contratado pelo Grêmio, em 1995. Antes disso eu não o conhecia.

Qual foi sua primeira impressão ao começar a trabalhar como atleta do Scolari?
A impressão de que ele era uma pessoa firme, de caráter. Isso foi sendo confirmado com o tempo.

Conta-se uma história em Porto Alegre de que, quando você chegou ao Grêmio, vindo do Cerro Porteño. Acreditava-se que o time gaúcho tinha contratado um ponta-direita. Isso realmente aconteceu? E o Scolari, já conhecia seu verdadeiro posicionamento em campo?
Isso foi por causa de uma informação errada de um ex-goleiro do Cerro Porteño, que é gaúcho e tinha jogado comigo no Paraguai. Eu usava

a camisa número 7, mas já atuava como ala. O pessoal da imprensa de Porto Alegre começou a tirar sarro de mim, falando que eu era um paraguaio falso, que era um jogador três em um. Nos meus primeiros anos como jogador profissional, joguei como meia-direita. Depois o Carpegiani [Paulo César Carpegiani, ex-meio-campo de Inter, Flamengo e ex-treinador do Cerro Porteño e da seleção paraguaia], me colocou para jogar na ala. No final, já no Grêmio, o homem (Scolari) me escalou para jogar no meio, como volante, em várias partidas.

O que você recorda da montagem daquela grande equipe do Grêmio nos anos 1990, comandada pelo Scolari?
Pelo que ele me contou depois, antes de ter o time pronto, já tinha em mente o tipo de jogador que queria para cada posição. Ele foi procurando, até conseguir encontrar as peças que queria e arrumar aquele time sensacional que nós tivemos no Grêmio.

Nessa fantástica fase do Grêmio, existe algum momento que tenha sido especial para você?
Cada jogo era uma festa, uma sensação de unidade e irmandade sem comparação. Mas a conquista da Taça Libertadores da América, em 1995, foi o ponto máximo daquele grupo.

Felipão teve participação decisiva nos jogos finais, contra o Nacional de Medellín? O Grêmio venceu o primeiro jogo por 3 a 1, e é verdade que ele ficou bravo por entender que os jogadores estavam comemorando antes da hora?
Ele entrou no vestiário chutando tudo. Xingou a gente. Ele previa muitas coisas que depois aconteciam, seja por experiência, sabedoria, religiosidade ou pelo contato com os jogadores. Ele parou na frente da gente e disse: “vocês vão sofrer”. A gente pedia calma, e ele: “Cala a boca!”. Dito e feito. O Nacional fez um gol no começo do jogo na Colômbia e, se fizesse mais um, levaria a disputa para os pênaltis. Passamos o resto do jogo sem saber se atacávamos ou defendíamos. No fim, empatamos de pênalti.

Como foi a já histórica passagem na final do Campeonato Brasileiro de 1996, quando o Scolari mandou que você utilizasse uma bota falsa de gesso para fingir que estava contundido?
Sem comentários. [Arce riu da pergunta, fugiu da resposta, mas a história é verdadeira e está contada aqui no perfil de Luiz Felipe Scolari.]

Como foi a sua saída do Grêmio para o Palmeiras? Houve interferência direta do Felipão?
Sim, ele teve um papel fundamental na minha ida para o Palmeiras. No dia em que saiu do Grêmio, ele já me disse que nossos caminhos iriam se cruzar de novo.

Sob o comando do Felipão, você foi duas vezes campeão da Libertadores, em 1995, com o Grêmio, e em 1999, com o Palmeiras. Dá para comparar aquelas equipes e apontar diferenças?
Aquele time do Grêmio não tem comparação. Era unido, guerreiro e de certa forma mais limitado que o time do Palmeiras na primeira fase da Parmalat, que era mais técnico, tinha mais qualidade. Mas a equipe do Grêmio era sensacional na doação, na amizade e tinha uma enorme capacidade de se recuperar das adversidades.

Quando ele foi para o Palmeiras, o que mudou no Felipão? Você percebeu alguma diferença no trabalho, no comportamento dele como treinador?
Ele conseguiu segurar mais o seu ímpeto, pois estando em São Paulo teve que lidar com um assédio maior, mais contínuo por parte da mídia. Eu também tive dificuldades para me adaptar em São Paulo. Porto Alegre era mais parecido com Assunção. Mas em São Paulo, o Luiz Felipe continuou sendo a mesma pessoa honesta e sem meias voltas que eu conheci em Porto Alegre.

Em sua passagem pelo Palmeiras, sob o comando de Felipão, qual foi o grande momento?
Assim como no Grêmio, sem dúvida, o grande momento no Palmeiras foi a conquista da Libertadores de 1999. O elenco era fantástico tecnicamente e havia uma comissão técnica muito experiente.

Como você definiria o Felipão?
Meu segundo pai.

Ele foi o melhor treinador com quem você trabalhou?
Sim, sem dúvidas, o melhor técnico que tive foi Luiz Felipe Scolari.

SPFC

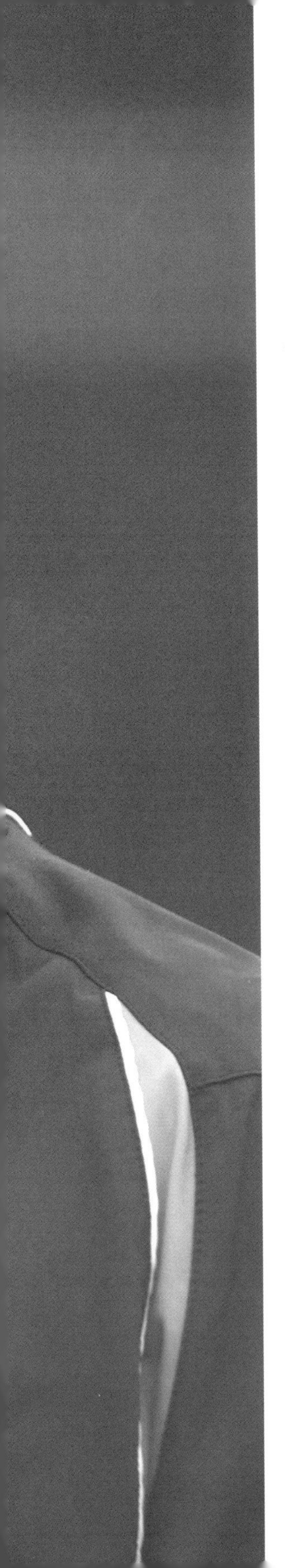

MURICY RAMALHO

A fama de jogador rebelde deu lugar a um técnico dedicado e observador. Na última década, vem colecionando ao menos um título por ano.
Antes de firmar-se no futebol brasileiro, atuou – e sagrou-se campeão – até na China.

Sucesso precoce e muito trabalho. Esse seria um bom resumo da carreira, no futebol, de Muricy Ramalho. O sucesso precoce aconteceu nos anos 1970. Muricy, paulistano nascido em 30 de novembro de 1955, foi uma das primeiras estrelas infantis do futebol brasileiro. Quatro décadas depois, ele se transformaria num treinador festejado, que se firma como um dos melhores da profissão no século XXI. A trajetória nos anos 2000 do futebol brasileiro é impressionante. Foi campeão pernambucano em 2001 e 2002 (Náutico), campeão gaúcho em 2003 (Internacional), campeão paulista em 2004 (São Caetano), novamente campeão gaúcho em 2005 (Internacional) e tricampeão brasileiro em 2006, 2007 e 2008 (São Paulo). Um título por temporada no novo século. A conquista do Campeonato Brasileiro de 2008 consagrou o estilo do treinador: um trabalhador obsessivo, persistente, capaz de montar e remontar equipes sem jamais perder uma característica comum, a consistência e a solidez defensiva. Tudo isso temperado com um mau humor divertido e muitas vezes proposital.

Quando ainda não era moda entre os clubes de futebol contratar jogadores de 11, 12 anos, esperando que no futuro ele se tornasse um craque, a garotada precisava batalhar muito até chegar a uma equipe profissional e conseguir ganhar algum dinheiro. Um dos caminhos mais famosos nessa busca pelo sucesso foi um projeto chamado Futebol Dente de Leite, idealizado pelos jornalistas Roberto Petri e Ely Coimbra (falecido em 1998). Dois dos principais nomes da crônica esportiva paulista, eles trabalhavam na extinta TV Tupi quando, em 1966, tiveram a ideia de criar um campeonato de futebol para crianças menores de 13 anos, na tentativa de amenizar o impacto do fracasso da seleção brasileira na Copa do Mundo da Inglaterra.

Estrela precoce

O projeto não era apenas revelar jogadores, mas reforçar o vínculo do esporte com a educação. Além dos jogos, transmitidos pela TV Tupi, que era a maior do país naquela época, havia bordões que pregavam o incentivo ao estudo e à leitura. Coisas como "Craque na Bola, Craque na Escola" e "Bola no Pé, Livro na Mão". Muitos futuros craques passaram pelo Futebol Dente de Leite. Mas Muricy, que era o principal jogador do time do São Paulo, ganhou *status* de pequena estrela graças ao talento precoce. Ele se transformou numa espécie de embaixador do Futebol Dente de Leite. Jogador de meio-campo rápido, habilidoso, chegava bem no ataque e já tinha personalidade forte. Some-se a isso o cabelo comprido, que era moda na época, mas que sempre foi associado à rebeldia no futebol, e estava formado o personagem. A simples presença de Muricy em campo, dada a repercussão dos jogos nas transmissões da Tupi, fazia com que uma partida da categoria Dente de Leite lotasse estádios de pequeno porte, como o do Nacional, de São Paulo.

Nas categorias de base do Tricolor paulista, ele continuou fazendo sucesso, jogando ao lado de um ponta-esquerda alto, forte e de temperamento difícil: Sérgio Bernardino, que mais tarde se transformaria em centroavante e ganharia fama como Serginho Chulapa.

Era literalmente questão de tempo até que Muricy chegasse ao time principal do São Paulo (embora na infância fosse palmeirense). Ele passou a treinar entre os profissionais em 1971, quando o treinador era Oswaldo Brandão. Foi emprestado para o Pontagrossense, do Paraná, e só foi jogar pelo time principal do São Paulo em 22 de agosto de 1973, num empate sem gols com o União Bandeirante. Em novembro, ele estreou em jogos oficiais, já pelo Campeonato Brasileiro, num 2 a 2 com o Coritiba.

Rebelde não. Apenas cabeludo

Muricy só foi acontecer como jogador profissional em 1975, ano em que o São Paulo conquistou o Campeonato Paulista. Mais forte, experiente, com melhor preparo físico, ele foi apontado como a revelação do torneio. O sucesso trouxe a fama – que ele considera injusta – de rebelde. Muricy, como já se sabe, era cabeludo. Além disso, fumava. E dentro de campo era atrevido, não levava desaforo para casa. Nos idos da década de 1970, isso era o perfil de um rebelde para o pensamento conservador da época. "Eu não era rebelde. Era cabeludo", afirma Muricy até hoje.

O treinador da equipe tricolor em 1975 era o argentino José Poy, ex-goleiro de trajetória vitoriosa no clube. Poy queria que Muricy cortasse o cabelo, algo impensável para o jogador. Tanto que o atleta chegou a ficar uma semana sem ir aos treinamentos para evitar conflitos com o técnico. Quando retornou, de cara passou a fazer gols e cismou que a cabeleira dava sorte. Só foi abandoná-la muito tempo depois. O treinador Poy sabia que Muricy fumava e queria surpreendê-lo de qualquer maneira. Numa das muitas viagens pelo país, enquanto Muricy fumava tranquilo no saguão de um hotel, foi alertado pelo lateral-esquerdo Gilberto Sorriso, seu amigo e colega de time no São Paulo, de que Poy se aproximava. Muricy colocou o cigarro ainda aceso na palma de uma das mãos e a fechou. Muricy talvez não tenha entendido uma palavra de Poy e seu português carregado de sotaque portenho. Mas Gilberto notou que os olhos do amigo estavam lacrimejando por causa da bituca ardendo em suas mãos.

A trajetória de Muricy apontava para mais sucesso, com o sonho de jogar a Copa do Mundo de 1978 pela seleção brasileira. Após a conquista do título paulista de 1975, ele não conseguiu se firmar como titular no São Paulo. Na partida válida pela final do primeiro turno do Campeonato Paulista de 1977, contra o Botafogo de Ribeirão Preto, no Morumbi, Muricy entrou apenas no segundo tempo, no lugar do uruguaio Pedro Rocha. Minutos depois sofreu uma grave torção no

joelho direito, que o deixaria afastado do futebol por mais de um ano (só voltaria a jogar em junho de 1978).

O São Paulo foi campeão brasileiro pela primeira vez em 1977. Muricy fazia parte do grupo, mas não jogou. Fazia tratamento e frequentava os treinos. Também foi importante na operação para levar Serginho Chulapa até Belo Horizonte antes da final contra o Atlético Mineiro (como vimos na entrevista de Muricy Ramalho no perfil de Rubens Minelli).

Nos idos de 1978, as contusões de joelho em jogadores de futebol vinham sempre acompanhadas de previsões pessimistas. A medicina esportiva não tinha o grau de desenvolvimento que ostenta hoje no Brasil, e havia um senso comum de que um atleta que sofresse esse tipo de lesão nunca voltava a jogar como antes. Muricy tentou. No entanto, menos por questões clínicas e mais por falta de oportunidade, não voltou a se firmar no São Paulo. Houve uma proposta do Santos, mas sem acordo financeiro, ele permaneceu no Morumbi até 1979. Jogou 177 vezes pelo São Paulo, fez 26 gols, mas deixou o clube com o *status* de ídolo.

Rumo ao México.
E à carreira de técnico

Após sair do São Paulo, Muricy foi jogar no Puebla, do México. Teve muito sucesso no futebol mexicano, virou ídolo. Participou da primeira conquista de título mexicano da equipe, na temporada 1982/1983, tendo marcado 14 gols. No total, fez 57 com a camisa do Puebla e é, até hoje, um dos maiores artilheiros da história do clube. Mas as frequentes contusões abreviaram sua carreira de atleta profissional, que terminou em 1985, quando ele tinha apenas 30 anos. A ligação com o México passou a ser muito forte, após seis anos vivendo naquele país. E foi pelo Puebla que Muricy Ramalho deu o passo para se transformar em treinador de futebol, assumindo o comando da equipe mexicana em 1993.

Sem grandes resultados na primeira aventura como treinador, Muricy retornou ao clube que o revelara para o futebol no mesmo ano. No São Paulo, ele passou a fazer parte do grupo de treinadores que trabalhava com os jogadores mais jovens. A primeira missão foi observar os atletas que disputariam a Copa São Paulo de Juniores, a mais importante competição da categoria, que antecede a chegada ao profissionalismo. Muricy entregou um completo relatório ao treinador dos juniores do São Paulo, Márcio Araújo [ex-jogador do clube nos anos 1980]. Impressionado com os detalhes da observação de Muricy, Araújo indicou-o para comandar um time do São Paulo que disputaria um torneio de juniores na França, já que o time principal da categoria tinha jogos nas mesmas datas. "A opção pela ida dele foi pelo esforço e pelo trabalho", contou Márcio Araújo, em entrevista ao jornal *Folha de S.Paulo*, em 2008.

Muricy retornou ao Brasil campeão do torneio, com o São Paulo derrotando o Benfica, de Portugal, na decisão. Quando deixou o clube, Márcio Araújo incluiu o nome de Muricy em uma lista de possíveis substitutos. Escolhido pelo clube, Muricy passaria a dirigir o time de juniores e trabalharia mais próximo de Telê Santana, o vitorioso técnico da equipe principal.

Expressinho

Naquele período, o São Paulo tinha um calendário sempre lotado com a disputa da Taça Libertadores e outras competições sul-americanas, e precisou utilizar uma equipe alternativa em muitos jogos. A solução foi escalar o time de juniores para algumas competições, como a Copa Conmebol [Copa da Confederação Sul-Americana de Futebol, competição extinta e que reunia equipes de todos os países do continente, geralmente as que ficavam entre o terceiro e o quinto lugares nos campeonatos nacionais] de 1994. Muricy Ramalho aceitou o desafio de conduzir o time de juniores naquela competição. A equipe era chamada de "Expressinho" pelo clube. Esse

termo surgiu no futebol nos anos 1940, quando o Vasco da Gama tinha um grande time, conhecido como "Expresso da Vitória". Essa equipe, campeã sul-americana em 1948 e base da seleção brasileira na Copa do Mundo de 1950, aceitava muitos convites para jogar fora do Brasil por causa da fama adquirida. Quando viajava, o time reserva, ou time B, cumpria os compromissos pelos campeonatos regionais. Como também era boa equipe e vencia seus jogos, ficou conhecido como "Expressinho".

O "Expressinho" tricolor, sob a condução de Muricy Ramalho, tinha jogadores que fariam muito sucesso pelo clube no futuro. Os atacantes Caio, hoje comentarista de TV, Juninho Paulista, Jamelli, Denílson e Catê. Mas ninguém brilharia mais que o goleiro daquela equipe: Rogério Ceni, que se transformaria, seguramente, no mais importante jogador da história do clube. O São Paulo ultrapassou obstáculos complicados com seu time de garotos, deixando pelo caminho adversários tradicionais como Grêmio e Corinthians. Na decisão, foram dois jogos contra o Peñarol, do Uruguai. Goleada por 6 a 1, no Morumbi, e derrota por 3 a 0, em Montevidéu. Resultados que deram o título ao Tricolor, um dos muitos naquele período e o primeiro para Muricy Ramalho.

A vida não seria nada fácil, porém, para o treinador principiante que Muricy ainda era. Seriam pelo menos mais oito anos de trabalho para que ele alcançasse o sucesso como técnico de equipes grandes no Brasil. A primeira oportunidade veio no próprio São Paulo, em 1996, quando Telê Santana ficou doente e precisou ser afastado. Essa aventura durou cerca de seis meses, quando a falta de resultados fez com que o clube contratasse Carlos Alberto Parreira, treinador que vinha respaldado pela conquista da Copa do Mundo de 1994. Parreira também não teve sucesso e, no ano seguinte, Muricy, que permanecera no clube, reassumiu o time principal do São Paulo. No começo de 1997 ele foi demitido por causa do início vacilante do time no Campeonato Paulista, sendo substituído pelo uruguaio Dario Pereyra, seu companheiro nos tempos de jogador. Muricy prometeu a si mesmo que voltaria ao São Paulo um dia e que seria vencedor pelo clube.

Negócio da China

Antes cumpriu um pequeno calvário. Dirigiu o Guarani de Campinas e não teve paciência para suportar as tentativas de intervenção do presidente do clube à época, Beto Zini. O dirigente se considerava um profundo conhecedor de futebol e queria escalar o time. Para esquecer as intromissões de Zini e tocar a vida, Muricy aceitou o desafio de treinar um time na China. Como se fosse um desbravador, Muricy conduziu o Shangai Shenhua ao título nacional. Foi um ótimo laboratório para praticamente desconstruir a ideia de futebol que havia na China e aplicar a filosofia de trabalho aprendida no São Paulo e em sua carreira de atleta.

– Fomos campeões nacionais. Mudamos toda a estrutura, desde rouparia, alimentação, até a preparação física. Eles ainda subiam os degraus da arquibancada para se preparar. A alimentação também era errada. Comiam muito peixe, vegetais e nenhum carboidrato – disse Muricy Ramalho, em entrevista ao site Gazeta Esportiva.Net, em novembro de 2008.

Na China, Muricy começou a desenvolver aspectos de sua personalidade que ficariam evidentes quando o sucesso aconteceu. O primeiro foi o apego à família, fator determinante para seu retorno ao São Paulo. O segundo foi a filosofia de trabalho baseada no cumprimento dos contratos e nas raras – para os padrões brasileiros – mudanças de clube.

O sucesso ainda demoraria para chegar. Antes dele, Muricy foi acumulando experiências que foram exatamente o que a palavra diz: experiências. No Ituano e no Botafogo de Ribeirão Preto, equipes do interior de São Paulo, e no Santa Cruz, um dos grandes do futebol pernambucano. Foi em Pernambuco que a sorte começou a sorrir para Muricy. Não no Santa, mas no comando de um dos rivais, o Clube Náutico Capibaribe.

A conquista do título pernambucano de 2001 pelo Náutico marca o início de uma sequência avassaladora de conquistas. De 2001 a 2008 Muricy foi campeão todo ano. Em 2001 e 2002 conquistou o bi pernambucano pelo Náutico. A relação com o clube é tão forte que o treinador, além de sócio, é conselheiro do Náutico até hoje. Teve uma

passagem produtiva, mas sem conquistas, pelo Figueirense, de Santa Catarina, em 2003, e no mesmo ano chegou ao Internacional de Porto Alegre. No Inter, conquistou o título gaúcho e apareceu para o cenário nacional. Em 2004, assumiu o São Caetano, com a ideia de ficar mais próximo da família. Foi campeão paulista. No mesmo ano retornou ao Inter e moldou o time campeão gaúcho de 2004 e vice brasileiro de 2005. Voltou ao São Paulo em 2006 e começou a arrancada rumo ao tricampeonato brasileiro, título obtido em 2008.

Estilo gaúcho

A primeira aventura de Muricy no futebol gaúcho ajudou a construir seu estilo de trabalho e, também, sua folclórica relação com a imprensa. Muricy assumiu um Internacional em frangalhos em 2003. A equipe acabara de escapar do rebaixamento no Campeonato Brasileiro de 2002, vencendo o Paysandu por 2 a 0, em Belém. Sem jogadores e sem dinheiro, o Inter passaria a apostar numa reformulação administrativa e futebolística radical, investindo nas categorias de base e na fidelização de seu torcedor. Muricy comprou o projeto dos dirigentes Fernando Carvalho e Vitório Piffero. Mais do que isso, desenvolveu um relacionamento de amizade e confiança.

– Era uma equipe cabisbaixa, desmotivada, que estava há três anos e meio sem ganhar do maior rival, o Grêmio. Fizemos um ótimo trabalho e mudamos tudo isso – recorda Muricy. Brevemente interrompido pela ida a São Caetano para conquistar o título paulista, a passagem de Muricy pelo Inter foi retomada no Brasileiro de 2004. Nascia ali o time colorado que seria campeão da Libertadores e do Mundial de Clubes em 2006.

– Não é fácil trabalhar no Sul, é um futebol muito diferente do que se pratica no resto do Brasil, mais combativo, e a cobrança é muito forte. Aprendi muito lá. O Fernando Carvalho entende muito de futebol, assim como o Vitório Piffero. Eles conhecem jogadores, acompanham, e desenvolvemos um relacionamento muito bom.

Já com a combativa imprensa gaúcha, Muricy vivia aos trancos e barrancos. O que reforçou a fama de mal-humorado. Mas ajudou a construir uma fortaleza psicológica.

Jogos anulados e título adiado

Durante o Brasileirão de 2005, após a conquista do título gaúcho da temporada, o Inter se firmava como um grande time, bem montado por Muricy, no qual se destacavam jogadores como Tinga, Rafael Sóbis, Fernandão e Alex. A equipe acabara de assumir a liderança do campeonato quando a revista *Veja* denunciou um escândalo envolvendo o árbitro Edílson Pereira de Carvalho, que estava atuando junto a uma máfia de apostadores para manipular resultados de jogos. Em 1º de outubro de 2005, o presidente do Superior Tribunal de Justiça Desportiva, Luiz Zveiter, anunciou a anulação de 11 partidas que tiveram Pereira de Carvalho como árbitro. Essa medida provocaria a repetição de um jogo que o Inter havia vencido e de dois que o Corinthians, que disputava o título com o time gaúcho, tinha perdido.

O Inter, que dormira líder, acordou vice-líder com a anulação dos jogos, medida que até hoje gera polêmica. A equipe repetiu o jogo que havia vencido contra o Coritiba e ganhou novamente. O Corinthians havia perdido para São Paulo e Santos. Na reedição das partidas, empatou com o São Paulo e venceu o Santos, num jogo polêmico e que terminou em confusão. Na penúltima rodada da competição, em 20 de novembro, Corinthians e Inter se enfrentaram no Pacaembu. O jogo terminou empatado por 1 a 1, mas ficou marcado por um erro grosseiro do árbitro Márcio Rezende de Freitas. Na segunda etapa, ele não marcou um pênalti clamoroso do goleiro Fábio Costa no meia Tinga, do Inter, e ainda expulsou o jogador gaúcho. Até hoje os colorados reclamam desse resultado, porque o Corinthians foi campeão brasileiro com apenas três pontos de vantagem sobre o Inter.

Muricy foi eleito o melhor treinador da competição em 2005 e três anos depois via com mais calma os acontecimentos polêmicos.

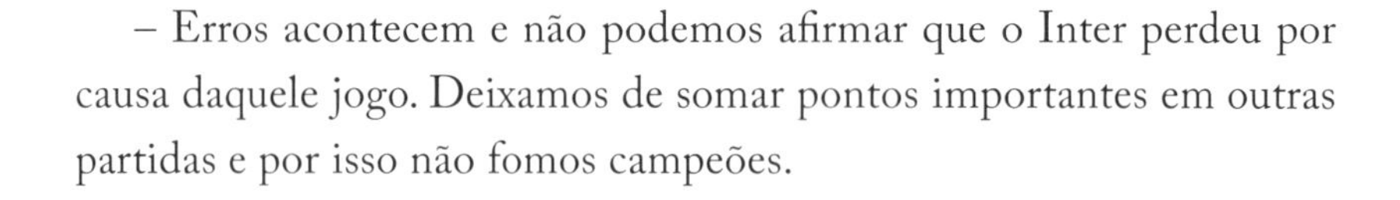

– Erros acontecem e não podemos afirmar que o Inter perdeu por causa daquele jogo. Deixamos de somar pontos importantes em outras partidas e por isso não fomos campeões.

De novo em casa.
Rumo ao tri

Foi como melhor treinador do Brasil que Muricy aceitou o convite para reassumir o São Paulo, seu clube do coração. A tarefa não era fácil. O Tricolor paulista tinha acabado de conquistar o tricampenato da Libertadores e também o tri mundial, sob o comando de Paulo Autuori. A base era excelente, e a prioridade estava definida: buscar mais um título continental. No Campeonato Paulista, o São Paulo foi vice-campeão, perdendo o título para o Santos por um ponto de diferença. Na Libertadores, a equipe alcançara a final pelo segundo ano consecutivo e pela sexta vez na história. O destino colocava frente a frente o São Paulo e o Internacional que Muricy havia reposicionado nos cenários nacional e sul-americano. Em dois grandes jogos, o Inter levou a melhor, vencendo por 2 a 1 em São Paulo e empatando por 2 a 2 em Porto Alegre. Começava ali um jogo de gato e rato de Muricy contra parte da torcida e dos dirigentes do São Paulo. As pressões foram enormes e se multiplicaram após a perda da Recopa Sul-Americana para o Boca Juniors.

Após uma derrota para o Atlético Mineiro por 1 a 0, no Morumbi, Muricy voltava para sua sala no vestiário quando ouviu um diretor do São Paulo pedindo que alguém conseguisse o telefone de Abel Braga, treinador do Internacional. Irado, Muricy pensou em telefonar para o presidente do clube e entregar o cargo. Juvêncio foi mais rápido e garantiu a permanência de Muricy. Quem bancou a permanência de Muricy, contra a vontade de muitos diretores e de parte da torcida, foi o presidente do clube, Juvenal Juvêncio. A aposta se mostrou acertada. No decorrer do Brasileirão, a equipe se encontrou, mostrou solidez defensiva, eficiência no meio-campo e decisão no ataque. O São Paulo foi campeão brasileiro duas rodadas antes do encerramento da competição, somando 74 pontos e 22 vitórias, sendo o melhor ataque e a segunda melhor defesa.

Parece até pouco se for comparado ao que aconteceu em 2007. Mesmo no que se refere às pressões. Que foram quase insuportáveis após a eliminação do São Paulo no Campeonato Paulista, com uma derrota por 4 a 1, no Morumbi, para o São Caetano. E só pioraram quando a equipe foi tirada da Libertadores pelo Grêmio, nas oitavas de final. De novo, parte da torcida e da diretoria pediram a cabeça de Muricy, entre vaias e xingamentos. Uma vez mais, o presidente bancou a permanência do treinador. Os números provaram que o dirigente estava certo. A fórmula de time compacto e competitivo de Muricy chegara ao auge no Brasileirão. A equipe ficou 16 jogos sem perder e 9 sem sofrer gols. Foram 22 rodadas consecutivas na liderança, em um torneio de 38 rodadas. De novo, a quatro rodadas do fim, o time do Morumbi fazia a festa antecipadamente.

– No futebol brasileiro, o time que errar menos vai ganhar. A gente trabalha muito, eu tenho consciência de que meu trabalho é bom, que o time treina bem. Não existe segredo no futebol, a diferença é o planejamento – costuma dizer Muricy.

O título mais difícil

Nada indicava que o ano de 2008 seria de glórias para Muricy e o São Paulo. No Paulistão, a equipe tinha sido eliminada pelo rival Palmeiras na semifinal. Na Libertadores, a eliminação foi ainda mais traumática, num jogo épico contra o Fluminense, no Maracanã. Um gol marcado pelo centroavante Washington, literalmente no último segundo do jogo, deu a vitória por 3 a 1 ao Tricolor carioca, nas quartas de final. E o Campeonato Brasileiro apontava para mais um fracasso. Travado, sem inspiração o São Paulo não decolava. Em setembro de 2008, o discurso de treinador e jogadores do São Paulo era de aceitar a conquista do Grêmio, que parecia encaminhada.

– O Grêmio perdeu pouco e isso faz a diferença. Vai ser difícil alguém chegar – afirmou Muricy.

Mas ao mesmo tempo ele sinalizava com alguma esperança.

– Agora vão parar os jogos toda quarta e domingo e nosso time vai ter tempo para treinar. E eu sei que treino bem meu time, que meu time melhora quando pode treinar.

As palavras foram proféticas. O primeiro turno apático do São Paulo se transformou em uma segunda fase de campeonato arrasadora. A equipe perdeu para o Grêmio na primeira rodada do returno e ficou nisso. Foram 17 jogos sem derrota e a reviravolta na tabela, após estar 11 pontos atrás do então líder Grêmio.

– Se deixarem nosso time chegar, a gente incomoda. É ruim ver o São Paulo chegando pelo retrovisor – avisava Muricy.

Assim foi. Na penúltima rodada, o São Paulo poderia ser campeão em casa, num Morumbi lotado, mas empatou por 1 a 1 com o Fluminense e a festa ficou para 7 de dezembro, no Gama, Distrito Federal, contra o Goiás. A vitória por 1 a 0 assegurou a sexta conquista nacional do time paulista e transformou Muricy no único treinador brasileiro a ganhar três títulos nacionais consecutivamente pela mesma equipe. Ele superava até o feito de um de seus mentores, Rubens Minelli, tricampeão entre 1975 e 1976, mas por dois times: Inter e São Paulo.

– Quero agradecer ao Juvenal Juvêncio [presidente do clube] pela força, à torcida e à minha família. Este ano foi muito difícil e estou cansado, mas fui macho pra caramba e aí está. O São Paulo é hexacampeão e eu sou tri. Dificilmente isso vai acontecer outra vez – festejou Muricy.

Na chamada Era dos Pontos Corridos, Muricy Ramalho "está" o melhor treinador do futebol brasileiro. Seus times jogam o futebol que é preciso jogar, sem concessões para agradar torcedores, dirigentes e jornalistas. Jovem ainda para a profissão, ele deixa um caminho aberto para muitas glórias.

– Não sou simpático, não sou amigo de todo mundo, só tenho emprego por causa dos resultados. Estou no auge da minha carreira, mas como sofro muito, e o preço em saúde é grande, tenho conversado muito com minha mulher sobre a hora de parar – declarou o treinador à revista *Veja*, após o título nacional de 2007. O ano seguinte mostrou que ele ainda tem saúde para muito mais.

Muricy em ação no CT do São Paulo fazendo o que mais gosta: treinar o time.

Rogério Ceni: o jogador mais importante da história do São Paulo Futebol Clube.

ENTREVISTA:
ROGÉRIO CENI

"Em 1997, o Muricy me disse: se tiver falta e você tiver confiança, pode bater. Ele avalizou algo inédito no futebol brasileiro"

Pode-se argumentar que o São Paulo Futebol Clube teve jogadores mais talentosos e habilidosos. Mas não há dúvidas: o goleiro Rogério Ceni é o atleta mais importante da história do Tricolor paulista. Nascido em Pato Branco, Paraná, em 22 de janeiro de 1973, Rogério tem uma ligação quase uterina com o São Paulo, onde chegou em 1990, quando foi aprovado em um teste nas categorias de base do clube depois de uma breve carreira pelo Sinop, de Mato Grosso.

Jogador que mais vezes vestiu a camisa do São Paulo – 838 vezes até a temporada de 2008 –, o goleiro tem uma lista quase interminável de títulos conquistados pelo tricolor, entre eles duas Libertadores da América e dois Mundiais de Clubes. Além disso, no mesmo ano se transformou no único jogador a levantar três vezes a taça de campeão brasileiro, quando o Tricolor conquistou seu sexto título nacional, o terceiro consecutivo.

Se não bastasse ser um grande goleiro, integrante da Seleção Brasileira campeã mundial em 2002, Rogério tem um diferencial: é um exímio cobrador de faltas e pênaltis. Sua conta de artilheiro já soma 83 gols, recorde mundial para a posição.

Inteligente, articulado, líder, respeitado, Rogério tem uma história de vida um pouco diferente da maioria dos jogadores de futebol. Ele sempre tentou conciliar os estudos com a vida esportiva. Antes de chegar ao futebol passou pelo vôlei e chegou a ser atleta da seleção matogrossense em 1989. Ao mesmo tempo trabalhava no Banco do Brasil

de Sinop e jogava no meio de campo do time da empresa. Um dia o goleiro faltou, Rogério foi chamado para ocupar seu lugar e o resto da história o mundo conhece.

Nessa entrevista lembra que foi Muricy, em 1997, quem deu o aval para que ele pudesse cobrar faltas em jogos oficiais pelo São Paulo Futebol Clube. Autorização concedida, em 15 de fevereiro de 1997, em Araras, Rogério marcou seu primeiro gol.

Quando você ouviu falar do Muricy Ramalho pela primeira vez dentro do São Paulo? E quando foi seu primeiro contato com ele?
Logo que cheguei ao clube, eu já sabia que ele tinha jogado no São Paulo, que tinha sido um ótimo jogador. O primeiro contato foi com aquele time que ele dirigiu na Copa Conmebol de 1994. Ele já trabalhava aqui, mas nunca tinha sido treinador de uma outra categoria de base próxima da gente. Quando ele veio pra ser auxiliar do Telê Santana, acabou sendo montado o time de 94, o famoso Expressinho da Conmebol. O time titular disputava outro torneio, havia necessidade de inscrever uma equipe para participar. Então pegaram jogadores que não eram titulares na época.

Nesse primeiro contato, qual foi a impressão passada pelo Muricy?
Ele era um pouco inexperiente e obedecia ordens do Telê, que era o técnico do time. Eu tinha acabado de fazer 21 anos, também tinha uma visão diferente da que tenho hoje. Estávamos começando. Ele tinha vontade de trabalhar, manter diálogo bom com o grupo. Conseguia manter a atenção dos jogadores, fazer com que as pessoas ouvissem, o que é importante para o início de carreira. Mas se no início ele se sentia na obrigação de ouvir o Telê, no final ele levou muito mais o time do jeito que ele montou.

Quando apareceu de novo o Muricy em sua vida?
Em 1997. Ele era o técnico do time após a saída do Zetti [ex-goleiro do São Paulo e atualmente treinador de futebol]. Em 1996, eu tive a oportunidade de jogar como titular e desde então sempre treinava cobranças de faltas. No primeiro jogo do Muricy como treinador,

durante a palestra, ele deu todas as instruções, quem faz o que, posicionamento de barreira, marcação etc. No final, virou-se para mim e disse: "Se tiver falta e você tiver confiança, pode bater". Ele me deu essa responsabilidade, avalizou algo inédito no futebol brasileiro. Na terceira falta que cobrei, fiz o gol contra o União São João, em Araras. Naquele momento, já era um Muricy mais experiente e comandando como o treinador de fato. Mas nada que se comparasse ao que ele tem hoje como experiência.

Quando Muricy voltou ao São Paulo, em 2006, já era um treinador consolidado no mercado brasileiro. Para você, como jogador e como líder do grupo, quais eram as grandes diferenças em relação aos trabalhos de 1993 e 1997?
Ele estava muito mais preparado. Mais rodado, tinha títulos, mesmo que não fossem tão expressivos. Lidava muito melhor com todas as situações, já se fazia respeitar pelo currículo. Houve uma evolução tática e técnica de 1997 para janeiro de 2006. Era um outro treinador.

Essas mudanças também se refletiram no comportamento dele no dia a dia, na rotina de trabalho?
No dia a dia ele mudou bastante. Antes ele era de acesso mais fácil, agora está mais fechado, mais duro, conversa menos. Treinador muito bonzinho parece que não respeitam. Comigo nem tanto, mas eu noto que ele procura manter certa distância para que não haja confusão. A cada ano ele vai ganhando mais respeito. O Telê era assim. Muito justo, rígido, cobrava muito. Quem era bom atleta tinha uma vida legal, tranquila, era normal. Os que saíam disso, dessa rotina normal de um bom atleta, sofriam. Muricy não chega a ser tão parecido com o Telê, mas se transformou com o tempo. Isso não era natural dele, acho que convivendo com o Telê, o Muricy foi mudando.

Como goleiro, você evoluiu trabalhando com o Muricy?
Meu trabalho técnico é com o treinador de goleiros, não envolve tanto o Muricy. De todo treinador você pega características que podem ajudar. Por exemplo, o sistema de jogo. Sei mais ou menos o time

que ele vai colocar em campo, o sistema de jogo, o que ele quer do time. Se ele colocar três zagueiros, eu sei o que ele quer e sei minha função nisso. Através do convívio. Por isso que manter uma base e um treinador traz benefícios ao clube. Quando começa o ano todo mundo já sabe o que o treinador quer.

Você destacaria algum jogo, algum momento, em que o Muricy tenha demonstrado toda sua capacidade como treinador?
Para mim um jogo de grande acerto do Muricy foi o último do Campeonato Brasileiro de 2008, contra o Goiás [Goiás 0 a 1 São Paulo, em 7 de dezembro de 2008, no Gama, Distrito Federal]. Foi quando ele resolveu trazer um jogador que estava há mais de dez partidas sem jogar, que tinha chegado à seleção brasileira, mas estava fora do grupo. O fato de ele fazer esse jogador, o Richarlyson, treinar sempre, se manter em forma e colocá-lo contra o Goiás, acho que nessa o Muricy acertou na mosca. Ele matou taticamente o time do Goiás. Claro que você tem que contar com que o jogador faça tudo o que o treinador pediu. O Muricy falou o seguinte para o Richarlyson no vestiário: "Você vai jogar, mas você vai jogar travado na cabeça da área. Nem que você tenha oportunidade eu quero que saia. O Paulo Baier [principal jogador do Goiás] não pode pegar na bola." E o Richarlyson foi o melhor jogador em campo, taticamente, do nosso time. Foi, talvez, o jogo em que o Muricy acertou o dedo realmente nesse sistema de jogo. Três zagueiros fixos e o Richarlyson guardando posição. O resto podia sair para jogar.

Hoje qual é a sua definição para o Muricy como treinador de futebol?
Obcecado pelo trabalho, por ver jogos, por tentar compreender como o adversário joga. Um técnico que trabalha muito diariamente para preparar o seu time. É um trabalhador de repetição, como era o Telê. Repetição, passe, fundamento. Talvez ele não se caracterize pela mexida na beira do campo, por mudar o sistema de jogo em 30 minutos. Ele se caracteriza pelo trabalho diário e pelos fundamentos. Em melhorar o atleta, insistir na repetição de movimentos, chute e cruzamento. O talento nasce com o cara, uns tem mais impulsão,

outros mais velocidade. Os fundamentos básicos, o Muricy trabalha da melhor maneira. O Telê também era um treinador que não fazia mudanças bruscas no time. Mas o cara trabalhava tanto com ele que ganhava confiança e fazia coisas que você achava que não seria capaz de fazer.

Muricy é o melhor treinador com quem você trabalhou?
Essa coisa do melhor não existe no esporte. Sem dúvida, ele é um dos melhores treinadores do Brasil hoje. Quem ganha três Brasileiros de forma consecutiva tem que ter esse rótulo. Mas é muito relativo. Amanhã não ganha e vão dizer que não é o melhor. Só pelo fato do tri ele já se destacaria entre os maiores da história. Quem tem mais títulos brasileiros que ele? Só o Luxemburgo. E o Muricy é mais jovem.

Para você, qual foi o grande time dirigido pelo Muricy?
Para mim foi o Expressinho do São Paulo de 1994. O mais importante na minha história e na história dele. Um time que ninguém dava valor, mas tinha Juninho Paulista e Denílson, que jogaram e foram campeões numa Copa do Mundo (2002). Eu no gol, que também fui a uma Copa (2002). O Bordon (zagueiro), que fez uma linda carreira na Alemanha; o Pereira, que jogou no Colo Colo (Chile), no Corinthians; o Caio, que foi do Nápoli, da Inter de Milão e hoje é comentarista; e o Catê (ponta), que foi um grande jogador na época. Para mim, o time mais importante que teve o Muricy como técnico ainda é o de 1994.

Bibliografia

Alvarez, L. *História de Peñarol.* Montevidéu: Aguillar, 2004.

Assaf, R; Napoleão, a. c. *Seleção brasileira – 90 anos.* Rio de Janeiro: Mauad, 2004.

Andrade, E. G. (Tostão). *Tostão*: lembranças, opiniões, reflexões sobre futebol. São Paulo: dba, 1997.

Bibas, S. *As copas que ninguém viu.* São Paulo: Catavento,1982.

Bindi, L. F. *Futebol é uma caixinha de surpresas.* São Paulo: Panda Books, 2007.

Borges, V.; Erthal, L. A. *Zagallo, um vencedor.* Rio de Janeiro: Acerj, 1996.

Braga, K. *Inter, orgulho do Brasil.* Porto Alegre: JÁ, 2006.

Carmona, L.; Poli, G. *Almanaque do Futebol.* Rio de Janeiro: Casa da Palavra, 2006.

Confederación Sudamericana de Fútbol. Copa Libertadores de América Asunción: Confederação Sul-americana de Futebol, 1960-1995.

Falcão, F. R. *Histórias da bola.* Porto Alegre: L&PM, 1996.

Heizer, T. *O jogo bruto das copas do mundo.* Rio de Janeiro: Mauad, 1997.

Helena Jr., A. *Palmeiras, a eterna academia.* São Paulo: dba, 1996.

Jamrich, K.; Taylor, K. R. *Puskas, uma lenda do futebol.* São Paulo: dba, 1998.

Macia, J. P. *Bombas de alegria.* Santos: Realejo Livros e Edições, 2006.

Melcón, R. Vidal, M. *Enciclopédia del Fútbol.* Madrid: Geran,. 1973.

Nogueira, R.; Plassmann, R. *Histórias de um goleiro.* Rio de Janeiro: Dorea Books, 2001.

Ostermann, R. C. *Felipão*: a alma do penta. Porto Alegre: zh Publicações, 2002.

Pimenta, M. A.; Torero, J. R. *Santos, um time dos céus.* São Paulo: dba, 1997.

Revista Placar. São Paulo: Abril, mar. 1978, n. 411, mensal.

Ribeiro, R. *O caminho da bola.* São Paulo: Federação Paulista de Futebol, 2007.

Saldanha, J. *O trauma da bola*: A copa de 82 por João Saldanha. Rio de Janeiro: CosacNaify, 2002.

Santos, N . *Minha bola, minha vida.* Rio de Janeiro: Gryphus, 1998.

Scelza, J. C. *La gran enciclopedia del fútbol mundial.* Montevidéu: Mera Editor, 1996, v. 1 e 2.

Teixeira, J. S. *A história de um tabu que durou 22 anos.* São Paulo: Danju, 2005.

Trevisan, M. *As glórias de um campeão.* São Paulo: Studio Press, 2000.

Iconografia

Capítulo 1: Oswaldo Brandão

Arquivo pessoal/Paulo Guaratti (capa, p. 14-5 e p. 29)
Que Fim Levou/Terceirotempo.com.br (p. 32)

Capítulo 2: Bela Gutman

Arquivo pessoal (p. 38-9)
Arquivo pessoal/Sylvio Freitas (p. 51)
Que Fim Levou/Terceirotempo.com.br (p. 52)

Capítulo 3: Vicente Feola

Que Fim Levou/Terceirotempo.com.br (p. 58-9, p. 70)

Capítulo 4: Lula

Que Fim Levou/Terceirotempo.com.br (p. 76-7, p. 86-7, p. 88)

Capítulo 5: Zagallo

Que Fim Levou/Terceirotempo.com.br (capa, p. 94-5, p. 108)
Fábio Menotti/S.E. Palmeiras (p. 111)

Capítulo 6: Rubens Minelli

Que Fim Levou/Terceirotempo.com.br (p. 116-7, p. 130, p. 132)

Capítulo 7: Ênio Andrade

Luiz Ávila/Agência RBS (03/10/1979, p. 138-9; 02/10/1979, p. 153)
Juan Carlos Gomes/Agência RBS (25/10/1981, p. 150).

Capítulo 8: Telê Santana

Que Fim Levou/Terceirotempo.com.br (p. 158-9, p. 173, p. 174)

Capítulo 9: Wanderley Luxemburgo

Fábio Menotti/S.E. Palmeiras (p. 180-1, p. 196)
Fellegger Assessoria (p. 199)

Capítulo 10: Luiz Felipe Scolari

Fellegger Assessoria (capa, p. 202-3, p. 216 alto)
Daniel Augusto Jr. (p. 216)

Capítulo 11: Muricy Ramalho

Daniel Augusto Jr. (p. 222-3, p. 237, p. 238)

Posfácio

LUIZ NORIEGA*

Quem foi, quem é, quem poderá ser considerado o melhor técnico do futebol brasileiro?

Como poderiam ser escolhidos os onze mais da função, sem que outros onze ou mais ficassem de fora na opinião de muitos?

Quantas histórias reais, e quantas fantasiosas, os amantes do futebol conhecem a respeito dos nossos treinadores?

O que representou Bela Gutman e a escola húngara, a inspiração do mágico time do Honved, e o investimento feito na época pelo São Paulo Futebol Clube para contratá-lo em 1957?

Telê Santana teria sido mesmo unanimidade como o melhor treinador do país em todos os tempos?

Como teriam sido interpretadas as experiências de clubes do exterior importando técnicos do Brasil?

Este livro, produto de muitas pesquisas, coleta de opiniões, depoimentos de treinadores e jogadores, diretores de clubes daqui e de fora, tem um conteúdo muito especial, fruto de trabalho criterioso do jornalista Maurício Noriega, com informações exclusivas e até surpreendentes de profissionais brasileiros – entre os quais me incluo, como pai coruja e orgulhoso – que conviveram de maneira muito próxima com alguns dos treinadores focalizados. Alguns deles até em assuntos familiares, ao longo de uma carreira de mais de 50 anos de Jornalismo em rádios, TVs, jornais e revistas de São Paulo, capital e interior, de Pernambuco e como correspondente de vários veículos internacionais.

Oswaldo Brandão foi uma figura amiga e especial. Viajamos muitas vezes pelo país e pelo exterior, e fui aprendendo com ele os segredos de um bom churrasco gaúcho. Acompanhei tristezas e alegrias de sua família, vendo-o suportar problemas gravíssimos com um poder espiritual fora

de série. Até um time inteiro de futebol para o Juventude de Caxias do Sul ele ajudou a montar, com a participação de Valdir de Morais, Romeiro e dirigentes de departamentos juvenis de clubes. Detalhe: tudo a custo zero, para atender amigos, como o ex-presidente do clube gaúcho Willi Sanvito.

A análise sobre Brandão é feita por Leivinha, seu atleta, amigo e um dos grandes jogadores do país. Sobre Feola a conversa é com o grande Djalma Santos.

E Lula? Quantas e belas passagens serão lembradas com o relato do extraordinário Zito.

E Zagallo? Também criticado, por muitos não reconhecido, tem seu perfil esmiuçado pelo polêmico Wanderley Luxemburgo, sem sombra de dúvida, estrela das mais brilhantes no ranking de técnicos do Brasil e do mundo.

Rubens Minelli é focalizado por Muricy Ramalho. Criador e criatura têm muita coisa para contar.

Espero que tenham apreciado a história de Ênio Andrade. Para mim até surpreendente e bonita, um grande profissional. Os depoimentos de Falcão, o Rei de Roma, confirmam essa opinião.

Telê Santana ficou na lembrança de todos como unanimidade em conhecimento técnico e como profissional preocupado com o futuro de seus atletas ao pararem com a bola. Müller tem uma lembrança muito boa do mestre.

Luxemburgo e Felipão: não tive oportunidade de contato por já estar fora da mídia e dos estádios, preferindo a comodidade da TV e dos relatos cada dia mais minuciosos do rádio. São monstros sagrados, reverenciados e altamente valorizados, vistos pela ótica e pelo contato do dia a dia com seus ex-jogadores Alex e Arce, respectivamente

Oberdan Catani, Alberto Helena Jr., Juca Kfouri, Manoel Raimundo Paes de Almeida, Sylvio Freitas e seu arquivo especial, Milton Neves, outro arquivo e memória fantásticos, velhos e jovens valores da crônica contribuíram para uma leitura agradável, despertando enorme interesse entre os mais de 180 milhões de aficionados e de "técnicos" do Brasil.

* Jornalista, é um dos principais nomes da crônica esportiva brasileira. Foi narrador e apresentador, entre outros, das rádios *Tamandaré* do Recife e *Tupi* (Equipe 1040), tvs *Tupi* e *Cultura*. Também realizou trabalhos para emissoras como BBC, *Voz da América*, rádio *Cairo*, Tvs *Globo* e *Manchete*. Participou de coberturas de Olimpíadas, Copas do Mundo, Jogos Pan-americanos, torneios internacionais como Wimbledon, Copa William Jones etc. Recebeu, entre muitos prêmios, a Medalha do Mérito Jornalístico.

O Autor

Maurício Galizia Noriega, paulista de Jaú, é jornalista formado pela Faculdade Cásper Líbero de São Paulo e mestrando em Jornalismo Digital pelo Instituto Internacional de Ciências Sociais.

Em mais de 20 anos de carreira, trabalhou nos jornais *Folha da Tarde*, *Diário Popular*, *A Gazeta Esportiva* e *Lance!* e na rádio Bandeirantes. Organizou ainda a operação editorial brasileira do portal esportivo internacional SportsJÁ!

Participou de diversas coberturas internacionais, entre elas Jogos Olímpicos, Jogos Pan-americanos, Copa América, Eurocopa, GPs de Fórmula 1, Atletismo e Mundiais de Vôlei e Basquete.

Desde 2003 é comentarista e apresentador do canal SporTV e também comentarista de esportes do jornal Bom Dia São Paulo, da Rede Globo.

Ganhou por três vezes consecutivas (entre 2005 e 2007) o prêmio Ford/Aceesp de melhor comentarista esportivo.

Agradecimentos

Sem a preciosa ajuda destas pessoas este livro jamais teria ganhado vida. A eles, meu eterno agradecimento:

Davi Coimbra, Alberto Helena Jr., Lédio Carmona, José Maria de Aquino, Valdir Barbosa, Oberdan Catani, Valdir Joaquim de Morais, Paulo Guaratti, Luiz Noriega, Juca Kfouri, Paulo Roberto Falcão, Vital Battaglia, Lucas Neto, João Bressane, Carlos Cereto, Márcio Papa, Ciro José, Wanderley Luxemburgo, Juca Pacheco, José Ely de Miranda (Zito), Mário Travaglini, Dino Sani, João Leiva Campos Filho (Leivinha), Orlando Pedro, Acaz Fellegger, Jô Depassier, Rui Guilherme, Isabel Urrutia, Roberto Petri, Muricy Ramalho, Francisco Javier Arce Rolón, Alex de Souza, André Hernan Alarcón, Carla Canteras, Marco Aurélio Souza, Paulo Cezar Correia, Mário Mendes, Mário Jorge Guimarães, Dejalma dos Santos, Rodrigo Mattar, Manoel Raymundo Paes de Almeida, Laudo Natel, Paulo Planet Buarque, Adriano Augusto, Sylvio Freitas, Julio Grondona, Francisco Michielin, Toninho Neves, Luís Augusto Simon, Rogério Ceni, José Diniz, Fábio Finelli, Felipe Espíndola e Fábio Menotti.

Registro um agradecimento especial a alguns amigos que, gentilmente, cederam as imagens utilizadas neste livro: Milton Neves e o maravilhoso arquivo da seção "Que Fim Levou?" de seu site Terceirotempo.com.br. Gustavo Grohmann, que pacientemente me atendeu na pesquisa das fotos no Terceiro Tempo. Fica um agradecimento ainda mais especial ao Repórter fotográfico Daniel Augusto Jr. Isso mesmo, Repórter com R maiúsculo, parceiro de uma sensacional jornada pelas entranhas do futebol uruguaio. Baririense de coração que é, me socorreu com a categoria de sua lente. E à gentileza e à competência do grupo RBS, em especial do amigo David Coimbra e de Ricardo Stefanelli e Patrícia Oliveira.

GRÁFICA PAYM
Tel. (011) 4392-3344
paym@terra.com.br